张山寨七七会

张山寨七七会

总主编 金兴盛

浙江省非物质文化遗产代表作丛书

浙江摄影出版社

刘秀峰 杜新南 蔡银生 编著

浙江省非物质文化遗产
代表作丛书编委会

总 序

中共浙江省委书记
省人大常委会主任 夏宝龙

　　非物质文化遗产是人类历史文明的宝贵记忆，是民族精神文化的显著标识，也是人民群众非凡创造力的重要结晶。保护和传承好非物质文化遗产，对于建设中华民族共同的精神家园、继承和弘扬中华民族优秀传统文化、实现人类文明延续具有重要意义。

　　浙江作为华夏文明发祥地之一，人杰地灵，人文荟萃，创造了悠久璀璨的历史文化，既有珍贵的物质文化遗产，也有同样值得珍视的非物质文化遗产。她们博大精深，丰富多彩，形式多样，蔚为壮观，千百年来薪火相传，生生不息。这些非物质文化遗产是浙江源远流长的优秀历史文化的积淀，是浙江人民引以自豪的宝贵文化财富，彰显了浙江地域文化、精神内涵和道德传统，在中华优秀历史文明中熠熠生辉。

　　人民创造非物质文化遗产，非物质文化遗产属于人民。为传承我们的文化血脉，维护共有的精神家园，造福子孙后代，我们有责任进一步保护好、传承好、弘扬好非物质文化遗产。这不仅是一种文化自觉，是对人民文化创造者的尊重，更是我们必须担当和完成好的历史使命。对我省列入国家级非物质文化遗产保护名录的项目一项一册，编纂"浙江省非物质文化遗产代表作丛书"，就是履行保护传承使命的具体实践，功在当代，惠及后世，有利于群众了解过去，以史为鉴，对优秀传统文化更加自珍、自爱、自觉；有利于我们面向未来，砥砺勇气，以自强不息的精神，加快富民强省的步伐。

党的十七届六中全会指出，要建设优秀传统文化传承体系，维护民族文化基本元素，抓好非物质文化遗产保护传承，共同弘扬中华优秀传统文化，建设中华民族共有的精神家园。这为非物质文化遗产保护工作指明了方向。我们要按照"保护为主、抢救第一、合理利用、传承发展"的方针，继续推动浙江非物质文化遗产保护事业，与社会各方共同努力，传承好、弘扬好我省非物质文化遗产，为增强浙江文化软实力、推动浙江文化大发展大繁荣作出贡献！

（本序是夏宝龙同志任浙江省人民政府省长时所作）

前 言

浙江省文化厅厅长　金兴盛

　　要了解一方水土的过去和现在，了解一方水土的内涵和特色，就要去了解、体验和感受它的非物质文化遗产。阅读当地的非物质文化遗产，有如翻开这方水土的历史长卷，步入这方水土的文化长廊，领略这方水土厚重的文化积淀，感受这方水土独特的文化魅力。

　　在绵延成千上万年的历史长河中，浙江人民创造出了具有鲜明地方特色和深厚人文积淀的地域文化，造就了丰富多彩、形式多样、斑斓多姿的非物质文化遗产。

　　在国务院公布的四批国家级非物质文化遗产名录中，浙江省入选项目共计217项。这些国家级非物质文化遗产项目，凝聚着劳动人民的聪明才智，寄托着劳动人民的情感追求，体现了劳动人民在长期生产生活实践中的文化创造，堪称浙江传统文化的结晶，中华文化的瑰宝。

　　在新入选国家级非物质文化遗产名录的项目中，每一项都有着重要的历史、文化、科学价值，有着典型性、代表性：

　　德清防风传说、临安钱王传说、杭州苏东坡传说、绍兴王羲之传说等民间文学，演绎了中华民族对于人世间真善美的理想和追求，流传广远，动人心魄，具有永恒的价值和魅力。

泰顺畲族民歌、象山渔民号子、平阳东岳观道教音乐等传统音乐，永康鼓词、象山唱新闻、杭州市苏州弹词、平阳县温州鼓词等曲艺，乡情乡音，经久难衰，散发着浓郁的故土芬芳。

泰顺碇步龙、开化香火草龙、玉环坎门花龙、瑞安藤牌舞等传统舞蹈，五常十八般武艺、缙云迎罗汉、嘉兴南湖掼牛、桐乡高杆船技等传统体育与杂技，欢腾喧闹，风貌独特，焕发着民间文化的活力和光彩。

永康醒感戏、淳安三角戏、泰顺提线木偶戏等传统戏剧，见证了浙江传统戏剧源远流长，推陈出新，缤纷优美，摇曳多姿。

越窑青瓷烧制技艺、嘉兴五芳斋粽子制作技艺、杭州雕版印刷技艺、湖州南浔辑里湖丝手工制作技艺等传统技艺，嘉兴灶头画、宁波金银彩绣、宁波泥金彩漆等传统美术，传承有序，技艺精湛，尽显浙江"百工之乡"的聪明才智，是享誉海内外的文化名片。

杭州朱养心传统膏药制作技艺、富阳张氏骨伤疗法、台州章氏骨伤疗法等传统医药，悬壶济世，利泽生民。

缙云轩辕祭典、衢州南孔祭典、遂昌班春劝农、永康方岩庙会、蒋村龙舟胜会、江南网船会等民俗，彰显民族精神，延续华夏之魂。

我省入选国家级非物质文化遗产名录项目，获得"四连冠"。这不仅是我省的荣誉，更是对我省未来非遗保护工作的一种鞭策，意味着今后我省的非遗保护任务更加繁重艰巨。

重申报更要重保护。我省实施国遗项目"八个一"保护措施，探索落地保护方式，同时加大非遗薪传力度，扩大传播途径。编撰浙江非遗代表作丛书，是其中一项重要措施。省文化厅、省财政厅决定将我省列入国家级非物质文化遗产名录的项目，一项一册编纂成书，系列出版，持续不断地推出。

这套丛书定位为普及性读物，着重反映非物质文化遗产项目的历史渊源、表现形式、代表人物、典型作品、文化价值、艺术特征和民俗风情等，发掘非遗项目的文化内涵，彰显非遗的魅力与特色。这套丛书，力求以图文并茂、通俗易懂、深入浅出的方式，把"非遗故事"讲述得再精彩些、生动些、浅显些，让读者朋友阅读更愉悦些、理解更通透些、记忆更深刻些。这套丛书，反映了浙江现有国家级非遗项目的全貌，也为浙江文化宝库增添了独特的财富。

在中华五千年的文明史上，传统文化就像一位永不疲倦的精神纤夫，牵引着历史航船破浪前行。非物质文化遗产中的某些文化因子，在今天或许已经成了明日黄花，但必定有许多文化因子具有着超越时空的生命力，直到今天仍然是我们推进历史发展的精神动力。

省委夏宝龙书记为本丛书撰写"总序"，序文的字里行间浸透着对祖国历史的珍惜，强烈的历史感和拳拳之心。他指出："我们有责任进一步保护好、传承好、弘扬好非物质文化遗产。这不仅是一种文化自觉，是对人民文化创造者的尊重，更是我们必须担当和完成好的历史使命。"言之切切的强调语气跃然纸上，见出作者对这一论断的格外执着。

非遗是活态传承的文化，我们不仅要从浙江优秀的传统文化中汲取营养，更在于对传统文化富于创意的弘扬。

非遗是生活的文化，我们不仅要保护好非物质文化表现形式，更重要的是推进非物质文化遗产融入愈加斑斓的今天，融入高歌猛进的时代。

这套丛书的叙述和阐释只是读者达到彼岸的桥梁，而它们本身并不是彼岸。我们希望更多的读者通过读书，亲近非遗，了解非遗，体验非遗，感受非遗，共享非遗。

2015年12月20日

目录

"金风玉露一相逢，便胜却人间无数。"农历七月初七是中国传统的七夕节。这一天，妇女穿针乞巧、礼拜七姐，陈列花果、女红，这些习俗经久不衰、代代延续。牛郎织女七夕鹊桥相会的故事，感动了古往今来无数爱情男女，历代文人墨客为此留下了无数动人的诗篇。

在浙江缙云，一直流传着另外一个关于"七七"的美丽传说。相传，明洪武年间，有个叫陈十四的神仙一路腾云驾雾追杀蛇妖，经过缙云南乡时，从蛇妖口中救下了一名六岁的张姓幼童。其父感恩戴德，献出张山寨一片山地，发动善男信女建起了一座小庙，供奉陈十四娘娘。此后，每逢七月初七陈十四诞日，附近的百姓就来此举行庙会，祈福婚姻美满、子嗣绵延、风调雨顺、五谷丰登，一直流传至今。

"看得见山，望得见水，记得住乡愁"，这是习近平总书记为大家描绘的美好生活画卷。缙云乡愁文化根深蒂固、历久弥新，厚重鲜明、独树一帜。时间上绵延1300多年，流淌在一代又一代缙云人的血液里；空间上遍布1500多平方千米，与缙云的好山、好水、好空气交相辉映。而以张山寨七七会为代表的民俗文化，就是其中一颗璀璨的明珠。如今，庙会规模日益扩大，影响力辐射浙南、闽北等沿海乃至台湾部分地区，参与者达几万人之多，成为集中展示陈十四地方信俗、民间传统文化的盛会，也成为延续和记忆古村落历史的重要载体，承载了一代又一代人的浓浓乡愁。

本书追溯了张山寨七七会的来历、历史变迁及其传承脉络，记叙了张山寨与地方女神陈十四的种种传说及其信仰情况，记录了张山寨七七会的盛况，阐述了庙会在当代传承及其社会价值与意义。行文通俗易懂、妙趣横生。希望此书能帮助广大读者了解国家级非物质文化遗产项目张山寨七七会，促进非物质文化遗产的保护和传承，让更多的人走进缙云、走进历史，从中感受到浓浓的、暖暖的乡情。

丽水市委常委、中共缙云县委书记　朱继坤

2016年10月

一、概述

张山寨七七会始于明万历初年，祭祀活动的主庙在献山庙。庙里供奉着陈十四娘娘。当地百姓传说农历七月初七是陈十四的诞日，为求婚姻美满、风调雨顺、五谷丰登、事业有成……每年七月初七，人们都要到这里举行规模盛大的迎神表演活动，俗称张山寨七七会。

一、概述

在我国东南沿海闽、浙、台地区广泛流传着陈十四的传说和信仰活动。陈十四，原名陈靖姑，又名陈静姑、陈进姑，缙云民间尊称其为十四娘娘。相传她在唐代生于福建省古田县的临水乡，故也称临水夫人。福建民间常以奶娘、娘奶代称之。其他尊称甚多，如大奶夫人、陈夫人、陈太后、顺懿夫人、顺天圣母、天仙圣母、南台助国夫人、碧霞圣母等。陈十四信仰是中国传统社会重要的民间神灵信仰之一，作为一种地方性的女神信仰，它肇始于福建古田，后又逐步蔓延到浙江、江西、广东、广西、台湾，甚至东南亚等地，被民众广为传诵和崇拜。在浙江省丽水市缙云县就沿袭着奉祀陈十四的三大节庆活动：农历正月十五的迎龙灯[1]、七月初七的迎案[2]和十月十五的求平安，其中，尤以张山寨七七会为盛。

[1] 正月十五迎龙灯上张山寨，胡源乡是这一盛事的主角，该乡的大板龙，有272节，连接起来有六七百米长，需千余名青壮年将它扛上山。连数十里外的新碧镇小溪村都要将板龙迎上寨来。

[2] 迎案，即迎请神灵，以神位前的案几代称神。据《缙云县志》记载，明万历神宗皇帝即位时，溶江乡岩坑村、田洋村等为庙会的领头村，并确定胡村点、沿路头点、雅江点、溶溪点、大源点等为七月初七大庙会主事，章村点、上坪点、舒洪点、双溪点、横塘岸点、周升塘点等为十月十五大庙会主事。

[壹] 张山寨的地理人文环境

  缙云县位于浙江省中部偏南的括苍山区，相传是四五千年前黄帝缙云氏族南迁聚居之地。自唐万岁登封元年（696年）恢复建县，至今已有1300多年历史。"缙云"之名，最早见于《左传》。东周匡王四年（公元前609年），史克（史官里革）向鲁文公（姜兴）介绍尧舜禅让期间"举八元八恺流四凶"（帝鸿氏、少昊氏、颛顼氏、缙云氏）的事件。汉司马迁沿袭其说，写入《史记·五帝本纪》篇。《正义》云："黄帝，有熊国君之次子，号曰有熊氏，又曰缙云氏，又曰帝鸿氏，亦曰帝轩氏"，"今括州缙云县盖其所封也"。唐李吉甫《元和郡县志》载，缙云县"因山为名"。谢灵运《名山记》云："缙云山旁有孤石，屹然干云，高二百丈，三面临水。周围一百六十丈；顶有湖，生莲花，有岩相近名步虚。远而望之低于步虚，近而视之步虚居其下……中岩上有峰，高数十丈，或如莲花，或如羊角。古老云，黄帝炼丹于此。"从史料中可见，古缙云山一带应该是黄帝缙云氏部落在尧舜禅让期间迁入时聚居地的遗址，故有缙云为黄帝封地之说。

（一）山多寺庙多

  缙云东临仙居，西接武义，西南紧靠丽水，东南与永嘉、青田毗邻，东北与磐安交界，北与永康接壤。属中亚热带季风气候，全年光照充足，雨水丰沛，温暖湿润，四季分明。县境地势东南高，西北低。全县山多田少，千米以上的山峰有346座，故有"八山一水一分田"

之称。

　　山多造就了庙多。庙宇成为大众宗教信仰文化的中心，充分表现了宗教象征、仪式和组织。从寺庙中可以发现某种信仰的分布和沿革，了解神祇的故事，透视信众的心态，把握它们在聚落或社区中的位置。

　　张山寨七七会的举行地点，地处缙云县城东南16千米处的胡源乡招序村张山寨，属于括苍山山脉，海拔580米，地势十分险要。其周边村落基本上具有二百年以上的历史，一般是一个村一个姓，或者以某个大姓为主，大部分村里建有宗祠，有较典型的以血缘关系为基础的行政管理方式。张山寨七七会迎案活动主要以县境东部的溶江和胡源两个乡（51个行政村）为核心，覆盖全县乡镇。在胡源乡的招序村、东山村和溶江乡的岩坑村、石上村，共有四条长约2.5千米的古道通往张山寨，供人们前往参加张山寨七七会。溶江、胡源都以山地丘陵为主，占65%以上，耕地不到10%，水域占2.2%。两乡总人口近3万，人均年收入不足3500元。由于地处偏僻，交通不便，乡民与外界接触相对较少，加上耕地面积少，乡民缺乏商业意识，市场观念淡薄，未能从农业生产中找出相对优势，摆脱不了以粮食为主的单一农业模式，造成粮食不能自给，其他农业经济又不能得到及时快速发展的局面。"乌糯当早稻，竹篾当灯草，柴桩当布袄，番薯吃到老"成为当地群众生活的真实写照，农村经济处于落后局面。

张山寨神庙相传初建于明洪武年间（1368-1398年）。庙内供奉着主神陈十四（中厅左中第一位）和她的结拜姐妹马夫人、陈十五、母亲葛氏、林十九夫人、李十三等，还有陈十四的父亲陈文相公，兄弟陈法通、陈法清，以及当地传说中的神医朱兰溪、土地公婆、送子娘娘和五谷神。

关于张山寨神庙的选址与建造，民间有一种说法。据胡源乡上宅村九十多岁高龄的缙云鼓词老艺人胡坤田口述，当年胡村村民选址造庙原在另一处叫"古案坛"的地方，在准备造庙的过程中，栋梁等重要木料不翼而飞，结果在张山寨被发现了，村民们认为是陈十四娘娘显灵要造庙于此，于是就决定在此建庙。但是因为张山寨地属东山村，所以两个村的村民决定共建，由东山人主事。庙造好以后，一个姓鲍的叫花子在庙旁占地耕田，还繁衍生息。一个张姓的东山人因此与他发生了争执斗殴，官司打到县衙。贡生江绍淹向知县刘庭易进言："张鲍两姓地盘事小，奉祀陈十四娘娘事大，应扩大庙祀地盘。"于是，刘知县判东山人献出大殿周边三十丈地，并将张山寨庙改名为献山庙。但当地百姓一直习惯称"寨"，后来其他案坛主事村也对献山庙这个名称有异议，所以又改称为张山寨，表明该神庙由各村共祀。

张山寨七七会的参与者来自全县所有乡镇。外地信众以杭州、温州、金华、丽水等地的为主，远的来自福建、江西、台湾等地。传统民间表演队伍分布在胡源、溶江、双溪口、舒洪、东方、大源等乡镇。

（二）爱乐习武的地方传统

缙云人素有爱戏学戏、爱乐习乐的民间风尚，清乾隆《缙云县志》载："立春前一日，职官迎春东郊，乐人扮杂剧，锣鼓彩旗聚……"晚清时期，高、昆、徽、乱各路声腔班社，分别从金华、兰溪、东阳、永康纷至沓来，演出极为频繁。长年从事戏曲演唱和器乐演奏活动的有靖岳的友义会、乐义会，胪膛的永义会，新建的拾庆会、聚庆会，一直流传至今。胡源、溶江的大部分村里有传统的花鼓队、莲花班、民间乐队、铜钱鞭歌舞队等，还有现代的腰鼓队、秧歌队。他们利用农闲排演，自娱自乐，在当地大大小小的节庆和庙会上都能见到他们的身影。到2001年，各村陆续开通程控电话、无线电话，安装有线电视。近年来，康庄工程的实施为各村的交通提供了前所未有的便利，村落基础设施建设也取得了很大成效。人们的文化生活更加丰富多彩，仅溶江乡就有县级文化示范户8户，乡级文化示范户34户。

胡源是武术之乡，上宕村的功夫远近闻名。据初编于明永乐辛丑年（1421年）的《五云胡氏宗谱》记载：

缙云胡氏始祖胡森为苏州人，是宋朝东南第一正将，以武功出名。第三代太公胡渊为宋朝武节大夫，镇守河南，政绩显著，被皇帝封为"护国功臣"。胡渊告老还乡时，为发扬祖上的尚武之德与强身健体之本，传授功夫于乡里，立下规矩，要求后代人人习武、代代相传。上宕人牢记祖先遗训，世代习武，尤其精通"一支香"棍法，一直传承至今。每年的农历正月，上宕村举行"一支香"竞技活动，以此提高和发扬功夫技艺。南宋建炎年间，胡森响应高宗抗金皇诏，组织全县青壮年以村为单位习武自卫。

因缙云民间崇拜罗汉，胡森教练的习武团队被称为罗汉班。此后，罗汉班在民间延续下来，经常参与民间重要节庆活动，称为迎罗汉，逐渐相沿成习，世代传承。目前，缙云县尚有罗汉班30多个，分布在县域10多个乡镇，活跃在当地传统节庆和重大庙会中。在明嘉靖年间（1522-1566年）的抗倭历史中，流传着令倭寇闻风丧胆的义乌兵英勇抗敌的故事，其中就有能武善战的缙云兵。胡氏宗谱还记载着上宕人在清同治元年（1862年）诛剿太平军的事。

村落之间为争夺土地、山林发生争执是常有的事，在僻远的山区，因为没有更好的解决办法，只有诉诸武力。不难想象，在这样的生活环境下，只有强身健体才能抵御外侵，保村安民。

（三）移民入迁带来的文化冲击

福建移民的入迁也是陈十四信仰在当地流传的一个重要因素。自宋至明年间，福建居民常有举族迁徙到浙赣的。北宋年间，翁氏就是最早从福建莆田迁入缙云的。缙云的丁姓大族也源自闽南，是南宋年间入缙的。大族李氏也与福建李姓具有密切的亲缘关系。张山寨附近的大族章氏也是在宋代时由福建迁入的，祖居张山寨的鲍氏同样是从浙闽边界迁入的。缙云县城古代的天妃宫在光绪版县志上的记载为"闽人所建"。胡村当地的百姓认为，青田、温州一带的陈十四信仰就是从缙云传出去的。

而庙会的兴盛则与东南民间对女神陈十四的信仰密切相关。

在古田东南方向的临水溪流域，有当地妇孺皆知的陈靖姑斩蛇坐镇的临水洞和举世闻名的千年临水宫，而其毗邻的村落均以"临水"冠名，人称"临水十三境"。那里就是陈十四信仰文化最早的发祥地，是千余年来承载陈十四信仰最重要的圣地。关于这些，从民间流传的各种传说的抄本、唱本中也足以得到证明。这些抄本、唱本

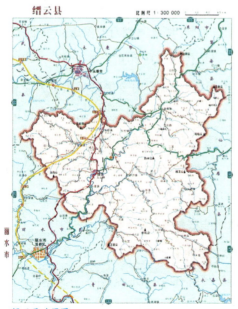

缙云县政区图

中涉及闽地尤其是福州、古田的县名、地名较多。而传说中讲的如大奶、奶娘、房里奶等都是福州土话。还有如迎神赛会、烧火炮、看风水、黄纸朱符、修斋、过醮、拜忏、乡间祭土地公等都是福州的民俗。福州民间有《陈进姑传》的刊本出售,尤其是《闽都别记》更是一部地地道道的区域性传奇小说。闽中各郡县皆有陈夫人庙,县以下镇、村设有陈太后庙。其他如乌山吕祖庙、于山九仙观、旁天君等道观中,也都供奉陈夫人神像为配神。

从古田这一信仰中心圈出发,有南北两条传播路线,一是向南先在闽东就近传播后,再向闽南并越海至台湾和东南亚以及更远的北美发展、散布。这一带虽未形成亚中心圈,但覆盖面很广,如台湾在历史上有大量福建移民,他们把陈靖姑信仰带到孤岛上,在清代,已有临水宫、临水顺天堂、巡安宫、安兴宫、怀凤宫、碧云宫、靖安堂、紫云宫等,供奉的主神都是陈靖姑,称谓有临水陈太后、顺天圣母、陈奶夫人等,今属道教所辖。民间还叫陈靖姑为妊娠娘娘,这与她的助产神名号是一致的。在台湾还有不少三奶夫人庙。相传陈靖姑、李三娘、林纱(九)娘三人义结金兰,同在闾山从许真君学法,学成传道,称闾山净明派。俗称陈为大奶夫人,称李为三奶夫人,称林为九奶夫人,合称三奶夫人。各庙都是三神并立,因此,净明派又被称为三奶教。现不少庙仍有存在,有乩童进行问乩、给符水等活动,香火甚盛。

以陈十四为主神的众神像（瓯江流域以陈十四夫人庙为最多）

　　另一条路线是向北首先传播到闽北，再从闽北传播至毗邻的浙江南部各地。据调查，在闽北有宁德、福安、建瓯、连江等20多个县的陈夫人庙，都是从古田临水宫接来陈靖姑香炉建庙供奉，在当地人民生活中具有重大影响。浙江南部和福建北部接壤，又是闽语方言区，故陈靖姑信仰在浙南迅速蔓延、流传，其覆盖面达10多个县。

　　据历史记载，宋元明时，温州数次大海溢，沿海居民死亡甚多，后福建居民大量迁到温州一带。当时浙闽交通以海运为便，从闽南迁入的居民为数甚多，如在清代，从永嘉楠溪江入港，经上塘、中塘、下塘，沿途70里水路皆有陈十四娘娘祠或庙，民间竹枝词中有

陈十四夫人神驾

"祠神到处奉娘娘"之语。在瓯江流域遍布的大小地方神庙中，也以陈十四娘娘庙为最多，其名称不一，在温州城内就有太阴宫、娘娘宫、广应宫、永瑞宫、坤元宫、凤南宫、栖霞宫等。每年农历正月十五或十月初十，未生育的妇女常结伴到宫中向陈十四求赐子息，还有妇女争食米制粉桃之俗。在江边有海圣宫，陈十四为配神，人们为纪念她，常在江边请鼓词艺人唱《娘娘词》。在20世纪40年代瑞安的《瓯海轶闻》中记载："瑞安'有栖霞宫，祀陈夫人，盖闽夫人也，谓之临水夫人'。"平阳有顺懿庙，俗名太阴宫，又名临水宫，一在净明寺北，一在北门外，一在小桥，一在任白桥。平阳江南的都口、孙店、象冈有三个大庙，专祀陈十四，现庙尚在。甚至在洞头海岛上也建有陈十四庙，被称为海神崇拜。其他如泰顺、苍南、文成的畲族中，也有此信仰，俗称陈十四为奶娘、仙姑、大奶。如福建福鼎县以及浮柳、瑞云、才堡等畲村都有奶娘宫，有的畲民家堂上还写着"奉祀陈、林、李三位太后元君神位"的红纸，下摆香炉。过去，逢求雨、求子、治病都要请娘娘保佑。

　　陈十四信仰在闽浙交界地区的传播，与宋明以来该区域内民间教派闾山教的形成、道坛系统及其法师的活动，以及人口的交互流

庙会巡游陈十四坐像

缙云当地夫人庙神像

动有密切关系。

在缙云当地，相传陈十四，祖籍福建，少时上闾山学法，为百姓除妖灭怪，屈死成神。明洪武年间（1368-1398年），陈十四追杀蛇妖路过张山寨，救下缙云县胡源乡东山村村民张希顺六岁的幼子。张希顺感恩戴德，献出山地，并发动善男信女，出钱出力，集资建庙，塑陈十四金身供奉于张山寨献山庙。八方群众听闻陈十四斩妖灭怪，为民除害，功德如山，遂不远千里，入庙陈香，求妻求子，求雨消灾。

[贰] 七七会的历史沿革

张山寨七七会始于明万历初年，祭祀活动的主庙在献山庙。

庙里供奉着陈十四娘娘。当地百姓传说农历七月初七是陈十四的诞日，为求婚姻美满、风调雨顺、五谷丰登、事业有成……每年七月初七，人们都要到这里举行规模盛大的迎神表演活动，俗称张山寨七七会。

（一）七七会的由来

相传在明万历年间（1573-1679年），当地村民为纪念陈十四这位除妖保民的救星，每年从七月初五至初七，周边五十多个村都要举行庙会，规模宏大，覆盖全县乡镇。来自杭州、金华、温州、丽水

张山寨庙会盛况

山寨守夜图

各县市及福建、江西、台湾等地的信众纷纷前来朝拜，参加人数常逾五万。因七七庙会正好与乞巧节（鹊桥会）同期，故又整合了双重民俗意义，每年七月初六都吸引大批青年男女上山，相会守夜，露宿山野，庙会也成了年轻人最浪漫的节日。时至今日，还能看到许多传唱于张山寨的手抄本情歌。

自明清以来，张山寨七七会代代承袭，历久不衰。庙会历时三天，规模盛大，集中展示了区域性民俗传统的内在活力，既是一种历

清光绪《缙云县志》载张山寨（献山庙）位置图

清光绪《缙云县志》有关捐资修建张
山寨（献山庙）的记载

史记忆的仪式操演，又充满了祭祀神灵的神圣与世俗生活的狂欢。

　　陈十四不但是民间教派闾山教所供奉的主神，而且围绕着她所
形成的一系列观念和习俗，也成为一种重要的民间文化模式。缙云
所处的浙南及其毗邻的闽东地区，正是陈十四民俗文化集中分布的
地区，而张山寨庙（献山庙）则是这一地区为数众多的崇祀陈十四及
其陪神的庙宇之一。

（二）七七会的沿革

　　张山寨庙经历了多次重修和扩建。明嘉靖年间（1522-1566年），
各村头首聚集，广筹缘金，温州、金华、仙居、遂昌等地善男信女踊
跃乐助，在原址大兴土木，扩建大殿，上厅五间、下厅五间，泥塑木
雕陈十四等神像于内。相传约在明万历初年，溶江乡岩坑村、田洋

村等领头者商议确定胡村、沿路头、雅江、溶溪、大源等为七月初七大庙会主事。每年由轮值主事村筹措资金，组织迎案队伍，上张山寨献山庙表演，祭拜陈十四，始称张山寨七七会。

明万历末年，由于张山寨七七会活动规模逐年增大，参加人数越来越多，人们为了抢烧第一炷香，纷纷提前至农历七月初六晚上就上张山寨祭拜陈十四，因为第二天还有迎案表演，为度长夜，他们点篝火、唱山歌、谈情说爱。从此，形成了张山寨七七会的守夜、对歌习俗。

时至清末，在江、胡等当地大族的主持下，献山庙在地方的影响力日增，并进入官方的视野。清光绪二年（1876年）《缙云县志》卷之五《禋祀》载："献山庙在十六都，道光四年（1824年）重建，知县林鹏飞有记，八年本都江绍淹募建。同治七年（1868年），胡肇修、江清涟等捐修。"重建的献山庙，坐西朝东，庙前南北两侧和庙后东西，各有三至五里卵石山路通往周边各村。面对正殿，建有并列平顶戏台三座。清咸丰九年（1859年），以胡村和章村两村为首募缘，在原三戏台南侧又兴建番角戏台一座，额题"响遏行云"金字匾，左"出将"，右"入相"，翘角飞檐，蔚为大观。台前广场面积约800平方米，以卵石铺砌而成。这四座戏台专供庙会斗台演戏之用。

新中国成立后，庙宇活动停止。据溶江乡岭脚吴村的江设贵（1917年生人）老人回忆，他23岁时就跟随领头人胡凤男（1892年

献山庙图

生人）参加张山寨七七会活动，民国时期成为张山寨七七会的领头
人，每年的活动都由他来安排主持，对代代相传的张山寨七七会活
动程序及祖辈口中流传的张山寨七七会历史活动情况，记忆犹新。
他多次参与拆庙、修庙、管庙。据他口述，1964年3月，献山庙被拆，
佛像遭毁，庙前四座戏台也同时被拆除。从庙宇大殿拆下来的木料
被运到雅江乡、章村去造礼堂、盖房。同年8月24日傍晚，雷震天地，
后山滚下一块重几万斤的巨石，落在原庙中天井庙基上，众人内心
备感惊异。1985年，由民间集资复建庙宇，胡村胡惠芳在巨石上题
词"仙飞石"为记，七七会等迎案活动也同时恢复，常年香客不断。

2000年后，庙会日益兴盛，信众涵盖浙江、福建、台湾等地，成为浙南一带著名的民俗盛事。历年来，张山寨献山庙几经修扩，为张山寨七七会的兴盛和延续提供了依托。

庙宇的修建包含了早期的村民对自己生存空间、生存状态的思考，是民众在危险处境中应急性行为的固化，是民众对自己生存空间的一种象征性设置。张山寨献山庙修建好后，作为村民活动的公共空间，一直在村落生活中占据重要的地位。

2011年，张山寨七七会正式入选第三批国家级非物质文化遗产名录。

二、基本内容与形式

张山寨七七会历时三天，规模盛大，经过几百年的传承流变，逐步形成了七个主要活动程式：设立案坛、上寨迎轿、巡游祈福、献戏、山寨守夜、会案表演、祭拜归位。庙会完全采用自发有序的组织形式，荟萃了丰富多彩的山歌、戏曲、舞蹈、杂技、体育等民间艺术。

二、基本内容与形式

[壹]七七会和陈十四的传说

张山寨七七会的主祭神是陈十四，所有有关张山寨的传说都以陈十四信仰为核心。在浙西南一带，与陈十四信仰有关的传说、故事、歌谣、戏剧、曲艺、雕塑、壁画等民间文艺题材，有着十分丰富的传统资源。仅缙云所在的丽水一带，就有传说、鼓词、夫人戏、木偶戏、畲族民歌、舞蹈等不同的表现形式。形式多样的陈十四信仰无不反映出人们创造集体记忆的常见方式：把跨地方的共享口述传统与地域认同、地方历史和自身的经历、想象紧密联系在一起。

（一）李寄和陈十四

陈十四作为东南民间信仰的重要女神，在闽浙等地流传了千余年。其信仰的产生具有鲜明的时代特征和地域特征。如前人研究表明，其信仰的核心是斗蛇、斩蛇、镇蛇，而后延伸至驱邪鬼、镇妖魔、护国安民。以斩蛇、除蛇为核心的信仰行为，与中古社会前期的蛇图腾崇拜有着密切关系，而当蛇图腾崇拜与人类文明渐渐远去后，人类开始关注自身在社会生活中比蛇危害更大的疫疫与灾难的发生。陈十四就是从图腾崇拜时代末期至中古时期产生的一个信仰人物。从某种意义上说，她是时代的精神产物。

陈十四信仰的产生，与《搜神记》中《李寄斩蛇》的故事有某种潜在联系，这一点，学界早已有人提出，也得到了一定程度的认可。民女李寄斩蛇的故事发生在魏晋时期的闽北将乐县境，晋人干宝《搜神记》有载：

> 东越闽中，有庸岭，高数十里，其西北隰中，有大蛇，长七八丈，大十余围，土俗常惧。东冶都尉及属城长吏，多有死者。祭以牛羊，故不得福。或与人梦，或下谕巫祝，欲得啖童女年十二三者。都尉、令、长，并共患之，然气厉不息。共请求人家生婢子，兼有罪家女养之。至八月朝祭，送蛇穴口。蛇出，吞啮之。累年如此，已用九女。

> 尔时，预得募索，未得其女。将乐县李诞，家有六女，无男。其小女名寄，应募欲行。父母不听。寄曰："父母无相，惟生六女，无有一男，虽有如无。女无缇萦济父母之功，既不能供养，徒费衣食，生无所益，不如早死。卖寄之身，可得少钱，以供父母，岂不善耶？"父母慈怜，终不听去。寄自潜行，不可禁止。

> 寄乃告请好剑及咋蛇犬。至八月朝，便诣庙中坐，怀剑将犬。先将数石米糍用蜜麨灌之，以置穴口。蛇便出，头大如囷，目如二尺镜。闻糍香气，先啖食之，寄便放犬，犬就啮咋，寄从后斫得数创。疮痛急，蛇因涌出，至庭而死。寄入视穴，得九女骷髅，悉举出，咤言曰："汝曹怯弱，为蛇所食，甚可哀愍。"于是，寄乃缓步而归。越王闻

之,聘寄为后,拜其父为将乐令,母及姊皆有赏赐。自是东冶无复妖邪之物。其歌谣至今存焉。[1]

从记载看,这个故事应发生在一个极其特殊的区域社会——闽越。当时闽越族还处于洪荒时期。以人祭蛇,体现了蛇图腾的崇拜之风。这是我们认识陈十四信仰之所以产生的一个社会和宗教的背景。

福建旧属七闽之地,汉属闽越国。汉人许慎《说文解字》称:"闽,东南越。蛇种,从虫,门音。"

正因为闽地属南方卑湿之地,森林覆盖面广,雨水丰沛,动植物衍生繁盛,所以蛇得以大量繁殖,对人类的生存产生极大的威胁。于是,先民对蛇产生畏怖、神秘之感,因此把蛇崇为神,奉为图腾。从民间残存的各种古代遗物及蛇王庙、蛇妖传说中,仍可以传递出这种蛇图腾崇拜社会的讯息。对蛇的崇拜并不能解除蛇对人类的危害,于是人们开始反抗,最为典型的例子就是李寄斩蛇。她唤醒人类对于蛇图腾迷信的抗争意识,给人们(特别是女性)带来勇气和信心,同时也期盼有能与险恶自然抗争的英雄产生。这些都为陈靖姑信仰的产生创造了社会条件。

纵观陈靖姑的故事,斩蛇是其核心。但是在最早的有关陈靖姑的传说中,除蛇妖的主题并没有出现。宋人黄岩孙《仙溪志》中"陈

[1] [晋] 干宝《搜神记》卷十九《李寄斩蛇》,汪绍楹校注本,中华书局,1979 年 9 月版,第 231—232 页。

夫人"条,最早记载陈靖姑为女巫,述其"生为女巫,殁而祠之,妇人妊娠必祷焉"。之后,南宋及元代有两个比较长的关于陈靖姑的故事。据《兴化县志》载,南宋绍兴中立的陈氏广福娘庙"环庙七十里皆深林荟翳,乡人欲采竹为楮,随山祈祷,晨夜出入,虽有蛇蝎,莫能害人"。元人无名氏《湖海新闻夷坚续志》中记载了陈靖姑救产之事:"陈妇以产妇吹呵按摩,但见产一小蛇,长尺余,自窍而下,群仆锤杀之,产妇平安,全家举手相庆。"这两则提及陈靖姑帮忙众生不为蛇所害的故事,但她还不是位驱蛇降妖的能手。

而降服蛇妖的故事的加入,则促进了陈靖姑信仰的发展,增强了她在信众中的威信,也扩大了信众的队伍。《八闽通志》较早记载了陈靖姑斩蛇妖、除疠疫的传说:

> 顺懿庙在县口临水。神姓陈,父名昌,母葛氏。生于唐大历二年。嫁刘杞,年二十四而卒。临水有白蛇洞,中产巨蛇,时吐气为疫疠。一日,有朱衣人执剑,索白蛇斩之。乡人诘其姓名,曰:"我江南下渡陈昌女也。"忽不见。亟往下渡询之,乃知其为神,遂立庙于洞上。凡祷雨旸,驱疫疠,求嗣续,莫不响应。宋淳祐间,封崇福、昭惠、慈济夫人,赐额"顺懿"。

为什么人们选择柔弱的女性而不是健壮的男子作为传说中的英雄呢?或许面对祭蛇的"童男童女",唯有母亲才会于危难中奋不顾身、牺牲自我以保护儿女。因此,这位充满人类至美天性母爱的

斩蛇英雄的神格才会升华为人类伟大的母亲神。

围绕斩蛇除妖的信仰核心，产生了一系列的斩蛇故事，其中有传说陈靖姑生前斩蛇的故事，如：

> 靖姑少年时得老妇传授法术。时永福有白蛇作祟，并隐迹宫禁，幻为人形，闽王璘召靖姑诛蛇。"靖姑率弟子作丹书符，夜围宫，斩蛇为三，蛇化三女子溃围出，飞入古井中，靖姑围井三匝就擒。"闽王封其为"顺懿夫人"，并赐"食古田三百户，以一子为舍人。靖姑辞让食邑不受，乃赐宫女三十六人为弟子，后数岁，逃居海上不知所终。"[1]

这里显然受到小说《李寄斩蛇》的影响。它为以后陈靖姑信仰的发展及其形象的塑造，奠定了初步的基础。同样，还有不少记载陈靖姑死后斩蛇之神迹的故事：

> 临水夫人，古田人，唐大历二年（767年）生，归刘杞；凤慕玄修，年二十四卒。邑临水有白蛇洞，常吐气为疫疠。一日，一朱衣人执剑索蛇斩之，乡人诘其姓氏，曰"我江南下渡陈昌女也"，遂不见，乃知其为神，遂立庙祀焉。[2]

在以斩蛇为核心的陈靖姑信仰系统中，蛇妖在其传说故事中的分量不是她所斩杀的其他妖怪可以相比的。比如在《福建寿宁四平

---

[1] ［明］徐渤《榕阴新检》卷六《方技》，海风出版社，2001年7月版，第27—28页。

[2] ［明］万历二十八年刘日旸主修，万历三十四年王继祀增修《古田县志》卷之七《秩祀志》，第7页。

傀儡戏奶娘传》[1]第二本第三拍中的《过南蛟平妖定北蛟》，第四本第五拍中的《三清观道坛驱蛇》，第五本第二拍中的《白蛇村剑斩南蛇》，第四拍《除蛇头荣封圣母》，都是讲陈靖姑驱逐、剑斩老蛇精、白蛇精及蟒蛇精的故事。《福建上杭乱弹傀儡戏夫人传》中第四段《观音梳妆》、第五段《兄弟收妖》、第七段《兄妹除妖救兄》、第九段《兄妹收白蛇精》、第十一段《峨眉山收龟蛇》也都是讲制服白蛇精的故事。莆田傀儡戏《鲁戏》也有陈靖姑斩断蟒蛇为民除害的情节。浙南鼓词《陈十四夫人传》和平阳等地的傀儡戏《陈十四娘娘》中蛇妖与陈靖姑的长期战斗更为显著，在这些曲艺和地方戏中，陈靖姑与蛇精的明争暗斗形成了故事的主干。蛇精也是明清关于陈靖姑的小说中的一个很重要的角色。明代无根子集、叶明生校注《海游记》的全名就是《新刻全像显法降蛇海游记传》。该小说讲述观音因陈靖姑"收蛇之心愈切"而奏明玉帝，封她为"都天镇国大奶夫人"[2]。陈靖姑降服蛇妖的重要性显而可见。其内核即为浙南鼓词《陈十四夫人传》的前身。白蛇精更是从头到尾贯穿于清朝《临水平妖》小说及里人何求《闽都别记》中有关陈靖姑的章回。

---

[1] 吴乃宇记述、叶明生校订《福建寿宁四平傀儡戏奶娘传》，台北施合郑民俗文化基金会"民俗曲艺丛书"，1997年9月版。

[2] [明] 无根子集、叶明生校注《海游记》，台北施合郑民俗文化基金会"民俗曲艺丛书"，2000年9月版，第104页。

張山寨七七会

《闽都别记》特别收集了陈靖姑坐镇蛇头而化的民间传说[1]。至今在古田临水宫陈靖姑的坐像下还有一个洞穴，称临水洞，相传是当年白蛇精的蛇头飞入的洞穴。

（二）陈十四的身世

陈十四为千古伟神，她由人而神，因此也有人间家庭和生活。陈十四的家庭身世，各地文献所载不同。随着时光的流逝，有些传说逐渐模糊，但若深入社会底层，去寻找民间流传的各类文献，则有些脉络还是能被澄清的。

陈十四生长于什么样的家庭，她所受的教育，以及她所从事的职业，地方史志资料大多语焉不详。除极少数的书如《三教源流搜神大全》中讲到其家庭时，有"父谏议拜户部郎中"，以示其具有官宦之家的家庭背景外，其他最多的记载都表明她出身于平常人家或巫觋家。如明万历年间喻政《福州府志》中称："神姓陈，闽江南下渡陈昌女也。"民间口传唱本《夫人经》多沿此说："父是江南陈长者，母是西河葛夫人。"[2]没有高贵的出身，则更贴近民众，更有亲切感。

大多数的文献资料对于陈十四身世，或明或暗地隐喻其为巫家出身。如现存最早揭示其为巫的文献是宋人黄岩孙的《仙溪志》。据

[1] [清] 里人何求《闽都别记》，福建人民出版社，1987年再版，第417—418页。
[2] 福安市下洋村傀儡班《夫人经》。

该志称："慈感庙，在县西一里。神姓陈氏，本汾阳人。生为女巫，殁而人祠之。妇人妊娠者必祷焉，神功尤验。"[1]

明弘治年间周华《兴华县志》则进一步确证："（神）姓陈氏，福州侯官人，世以巫觋。旧志云：闽人疫疠，凡经其咒治者，悉皆痊治。殁后，里人德之，家奉香火。绍兴中，灵显益振，本邑汾阳人始为之立庙，前乡贡郑必豫作记。"[2]

陈十四的身世自明万历后，基本形成统一的说法，即"家世巫觋"。其中有明正德十五年《福州府志》卷之三十一《祀典志》记载："女神陈氏，生唐大历初，家世巫觋。"以明万历版《古田县志》最具代表性。该志称："顺懿庙在县治东三十里，地名临水。神姓陈，家世巫觋，祖玉，父昌，母葛氏。生于唐大历二年，神异通幻。嫁刘杞，孕数月，会大旱，脱胎往祈雨，果如注，因秘泄，遂以产终。诀云：'吾死后，不救世人产难，不神也。'卒年二十有四。自后灵迹显著。"[3]

明初《三教源流搜神大全》载陈十四之兄二相收蛇妖被金钟

[1] [宋] 黄岩孙《仙溪志》卷三《仙释·祠庙》，福建人民出版社，1989 年 11 月，第 63 页。按：其中"本汾阳人"，系误载。明弘治年间周华《兴华县志》卷二《庙志》即注明："神姓陈，福州侯官人"，"本邑汾阳人始为之立庙"。

[2] [明] 周华纂《兴华县志》卷二《庙志》，2000 年蔡金耀点校，内部版，第 36 页。

[3] [明] 万历二十八年刘日旸主修，万历三十四年王继祀增修《古田县志》卷之七《秩祀志·庙祠》，第 7 页。

覆罩，危在旦夕时，书中云："进姑年方十七，哭念同气一房，匍往闾山学法，洞主九郎法师，传度驱雷破洞罡法，打破蛇洞，取兄，斩妖为三。"

从中可见陈十四学的是闾山巫法，明万历《福安县志》也提到陈十四"唐大历中，传庐山术，居临水殿"[1]。其中的"庐山术"，即"闾山法"。民间道坛因方言谐音，多将庐山、闾山混同。

虽然民间百姓对于巫觋出身的陈十四信仰虔诚不减，但朝廷及文人学士对于巫觋却十分忌讳。北宋景德年间（1004—1007年），古田县"李堪令邑，禁革巫鬼"。故对陈十四信仰的传播颇有阻碍。宋仁宗天圣二年（1024年），又由江西巡抚夏竦上书禁绝南方巫师。《八闽通志》载："（宋）天圣二年，昭禁福建巫觋挟邪术害人者。"由于朝廷和地方统治者的严厉禁革，巫觋受到重挫，陈十四的女巫身世在相当长时间里受到压制，直至南宋淳祐年间（1241—1252年），福州知府徐清叟将陈十四灵迹请于朝，陈十四才受到荣封，赐额"顺懿"。陈十四的神名、传说始得以彰显于世。

但在文人阶层，禁巫的阴影仍笼罩在陈十四身上。明陈鸣鹤《晋安逸志》将陈靖姑"以巫改道"，并将她依附于五代间道士、闽王国师陈守元的门下，成为陈守元之妹，以此来改变其巫的身世。

---

[1] [明] 陆以载纂《福安县志》第二卷《营缮志·坛祠》，李健民标点，中央文献出版社，2003年版，第84页。

此举一是为陈十四重编神话，并赋予冠冕堂皇的"女道"身份来改变其巫的地位；二是以陈十四在民间的影响来彰显陈守元的道士地位；三是以陈十四的灵迹来扩大五代闽王朝福州作为闽都的影响。

之后，清初吴任臣所编国史《十国春秋》，将陈守元及陈十四均载入正史人物传中。而改巫为道的陈十四，其身世、事迹，根本没能得到社会信众的认可，尤其是陈十四于功成之后莫名其妙地"逃居海上，不知所终"的结局，引起信众的极大反感。

千余年来，大众信仰的临水夫人生前的家庭情况，也是民众关心的问题，其中除了文献提到的父亲陈昌、母亲葛氏外，还有她的兄弟、丈夫和儿子。在一般文献及文人笔记中，陈十四的家庭仅提到父母、丈夫。其丈夫的名字在不同地区又不同。通常为人所熟知的名字有"刘杞"和"黄演"。最早介绍陈十四丈夫为刘杞的是明弘治年间（1488–1505年）黄仲昭的《八闽通志》。其后明万历年间《福州府志》《闽书》《古田县志》均有同样的记载。刘杞，在地方文献中很少载其籍贯，民间都传说是古田人。但谢肇淛《长溪琐语》却另有一说，其书载："夫人姓陈，福之古田人也。唐元和中，嫁长溪民刘杞。"[1]在元明间，长溪县隶属福州府，而民间则公认刘杞为古田县人。

明嘉靖年间（1522–1565年），《罗川志》称陈十四的丈夫为罗源之黄演。该志记载："崇福宫，其神姓陈，讳靖姑，生于唐大历元年正

---

[1] ［明］谢肇淛《长溪琐语》，福建人民出版社，2008 年《太姥山志》（外四种），第 1 页。

月十五日，福州下渡人。适本县霍口里西洋黄演。由巫而神，乡人祀之。祷雨旸、驱旱疠。凡祈年求嗣，无不立应。"[1]

明万历四十二年（1614年）《罗源县志》、清康熙《罗源县志》、清道光《新修罗源县志》都有相同记载，不同的是，康熙《罗源县志》给这位黄演加了一个巡检的官职，称陈靖姑为"南湾巡检黄演之配"[2]。之后，道光年间连侯敬所书的《罗源县志》亦持此说，并认为陈靖姑之墓也在罗源西洋，当时也有人对此有疑义。据《罗源县志》云："夫人系唐大历中巡检黄公支配，姓陈名靖姑，乃闽县下渡人也……《崇祯旧志》载：'其墓在重下西洋岭，墓型六角，镇以龟，小碑在焉。'岂其生于闽县，居于古田，而卒于罗耶？未可知也。然西洋既有墓址，则夫人之归于黄演可知。而夫人生于唐大历中，距闽王氏百余年，若年二十四便卒，岂得及见闽王耶？但南湾巡检至宋始见，则'生于唐大历'之语或不足凭，皆与闽王不相及，真为齐东野语明矣。"[3]

不仅清代古田道坛唱诗《夫人经》中讲到陈十四受聘"连江王家礼"或"连江黄家礼"[4]，而且明代小说《海游记》以及闽北、闽西、闽

[1] [明] 高相纂修《罗川志》卷三《寺观志》，嘉靖二十四年刊本。

[2] [明] 王楠修、林乔蕃、王世臣纂《罗源县志》，康熙六十一年（1722年）刊本。

[3] [清] 道光九年卢凤琴修、林春浦纂《罗源县志》卷十三《祠庙》，罗源县政协文史委员会整理版，第192页。

[4] 古田县湖滨前山志编纂委员会编《前山志》第十章"习俗杂谈"，1999年12月内部版，第66—74页。

东传说中的陈靖姑之夫不姓刘而姓王，莆田、仙游两地传说则姓黄。陈十四之夫是否黄姓（黄、王在方言中谐音）还有待进一步考证。

但是，有关西洋宫陈靖姑的丈夫黄演，1980年以来为罗源当地人所否定。2005年由西洋宫管委会编印的《西洋宫于林九娘传奇》已勘其误[1]。在当地传说中，认为黄演系刘杞改名。唐大历年间，陈靖姑嫁刘杞不久后随夫到罗源巡检司赴任，途径西洋处，夜宿一民家中，因同情主人黄汉仁夫妻境遇而为黄家义子，遂改名黄演。

在各地民间传说中，陈十四丈夫的名字有许多，如闽东寿宁县等地道坛及傀儡戏《奶娘传》，称其为"王纪"，闽西客家传说及傀儡戏《妇人传》称其为"王文远"，闽北传说及明代刊本《海游记》中陈靖姑之夫名"王暹"，而在古田、屏南等地民间传说中，陈靖姑之夫亦有称"黄演"之说。浙江丽水鼓词称其为"林二相"，温州民间传说中的名字为"黄文淹"。仅有福州及周边地区传说陈靖姑之夫为"刘杞"。而清中后叶刊本小说《闽都别记》《临水平妖传》之传播，陈靖姑之夫为"刘杞"之说才被普遍认可。

陈十四家庭中的其他成员，各地传说也各不相同。最早的道教类书，如明初的《三教源流搜神大全》中，有"兄弟二相，义兄陈海清"二人。而明嘉靖、万历年间建阳刊本小说《海游记》中，不仅陈

---

[1] 蓝传枝《西洋宫于林九娘传奇》，福州市陈靖姑文化研究会、罗源县西洋宫管委会编印，2005年内部版，第10页。

十四之兄有上述二人，还有一个弟弟海澄，陈靖姑脱胎前往追杀白蛇，将胎儿寄于家中，命海澄看守，因海澄年幼心善，被白蛇所变的老婆子所诓而使坛场被破，胎儿被白蛇所劫。在各地道坛中，多无海澄，而较多的有海通（又称二相、法通）、海清（法清）二人。

陈十四有一个儿子，各地传说称为"灵通舍人"，而这个儿子在遇难时为如来佛所救。据《海游记》称：

> 却说靖姑遍寻蛇母不见，复回家中，见法已解，儿又不见，大骂海澄。海澄只将前头事情一一说知。靖姑悔之不及，复杀至蛇洞请战。蛇将姑子吊上，其子大叫哭，姑闻心痛。蛇杀出，姑不能敌，大败而走。直至灵山上见世尊如来。参拜毕，诉说前事，世尊呼喝一声，佛手望空中而接，孩子落在世尊掌中。姑见子至，跪拜地下接着，抱住大哭……世尊将儿子取名王吉祥。[1]

在人们心目中，陈靖姑是人类救产护婴的慈母般的显神，又是斩妖除怪的英雄之神，而让英雄神、母亲神没有后代，是信众所不能接受的。因此，在各地传说中，都有让陈靖姑夭折之子复活，并成为神亦不乏传人的故事。许多宫庙中即于陈靖姑神像前塑一英俊骑马少年，他就是人们心中的陈靖姑之子——灵通舍人神。可以说，这是广大信众善良慈爱和对神尊敬的结晶。

---

[1] [明] 无根子集、叶明生校注《海游记》，台北施合郑民俗文化基金会"民俗曲艺丛书"，2000 年 6 月版，第 83 页。

以上文献说明，有关陈十四神灵异迹的故事，从助产保胎、祈雨抑暴、除蛇安民，涵盖到社会生活的各个方面。而且随着陈十四列入国家祀典，脱离淫祠之列后，其灵迹与功能更是全面，形成了几乎是无所不能、有求必应的全面神。而明之后的各种方志记载多集中在陈靖姑神异通幻，脱胎祈雨，斩蛇除害上，灵迹事件主题渐趋集中，说法也更加稳定。

自宋开始，陈靖姑信仰已经走入他乡。从《仙溪志》的记载来看，南宋时，陈靖姑信仰已经超出本方言区，进入现今的仙游，与当地的天妃、吴妈三妃合祠[1]。到了明代，这种神灵之间的合祀更加普遍，陈十四庙遍布闽省与浙江南部，在神迹故事中出现了多位辅助神灵。

很显然，从宋至清，历代王朝都在陈靖姑的信仰建构上发挥了作用，都试图按照他们自己的解释来塑造陈靖姑形象。对陈靖姑信仰来说，正式的敕额也是在南宋淳祐元年（1241年），之前可能被朝廷视为淫祠而受到打击。这也可以解释在宋以前，我们为何难以在文献中找到陈十四的相关记载。

（三）缙云民间流传的陈十四

陈十四信仰，起于唐代。民间传说陈十四是唐大历年间人。一种说法认为她是福建古田县的道姑，有道术，乡人凡遇上水旱之灾或者祸福之事都要去求助或询问，她能有求必应，于是就给她立庙供奉。

---

[1] 郑工《仙游"三妃合祠"习俗的历史演变考略》，《东南文化》1993 年第 5 期。

另一种说法认为她是福州的女巫，怀孕数月，逢大旱，于是开腹取出胎儿，前往祈雨，不久遇难。死时发誓说："我死后一定要成为救人产难的神。"说明陈十四在唐代确有其人，可能是一般的道姑或女巫，因救人而致产难，死后被神化。在最初的传说中，还没有出现斗蛇情节。

五代时期，陈十四传说仍在福建流传，并且开始有了人与蛇斗的情节。到明代，陈十四传说进一步发展，有了比较完整的故事情节：

传说观音因凡间蛇妖害人，剪指甲化为金光投胎福州下渡陈家，生靖姑，其兄二相曾受异人传授法术，于古田县临水村行法擒妖时，被蛇精所陷。时靖姑年方十七，独自上闾山学法，后救出二相，把蛇妖斩为三段，但妖仍飞往各地继续作恶，靖姑誓曰："汝能布恶，吾能行香普救。"后因救唐王皇后产难，被封为"都天镇国显应宗福大奶夫人"。建庙于古田，大行其法专护童男童女，催生护幼。宋诏封为"陈十四娘娘""临水夫人"。元、明、清均有封赐，如"顺天圣母""太阴圣母"等，其间由于偷吹庐山镇山牛角令地动山摇，降雨解灾又斩杀雷神，多次触犯天条，陈十四阳寿二十七岁在福州临水殿归神。世人感其护国佑民，功德无量，传诵其圣迹，敬其为神。[1]

此传说在福建等地颇为流行。以上传说既保留了助产神的形象，又揭示了陈靖姑立志诛蛇除妖的内心世界。从陈十四出世、学

[1] 据丽水市文化局退休老干部吴刚载先生口述记录，2010 年 9 月 15 日于丽水市莲都区万象山公寓。

法、灭妖，都围绕着灭蛇为中心，为传说的发展确定了基本框架，并在神格上由助产神逐步向驱邪神过渡。

　　清代，是陈十四传说发展的时期，通过民间口头传承，还丰富了斗蛇、斩蛇情节，同时又增加了很多陈十四诛灭其他妖魔的故事，强调了她的驱邪功能。其中清人何求的《闽都别记》，可说是集陈十四传说的大成。将民间传说加以综合、渲染、丰富，是我国第一部反映陈靖姑事迹的长篇章回传奇小说。这一时期，经过民间口头传承，使陈十四的传说情节更加曲折，内容更加丰富，陈靖姑的驱邪除妖形象愈加突出。因而在福建民间有"妈祖是文的，靖姑是武的"之说法。在浙南《夫人咒》中描述的陈十四，也是"脱了罗裙穿神裙，头戴铁盔身穿甲，手执神刀和神铃，身骑铁马救良民"的民间英雄形象。此时，闽、台、浙各地建夫人庙甚多，并有各种赛会活动，到道光年间，各地临水夫人庙香火甚旺，八闽多祀之。民间凡求子、祈雨、驱疫，均往祷告。可见当时陈靖姑的职能与神格都较前宽泛了许多，已演变为多功能的女神。

　　在缙云流传最广的就是鼓词《陈十四夫人传》[1]，叙述陈十四

---

[1]　有关浙南鼓词以及叙述陈十四传说的鼓词《夫人传》《夫人词》《灵经大传》等，
　　参阅刘秀峰《浙西南鼓词〈陈十四夫人传〉表演传统研究》，《非物质文化遗产研
　　究集刊》2011年；《演唱的力量——浙南鼓词〈陈十四夫人传〉颂唱仪式调查》，《广
　　西民族大学学报》2012年第1期；林亦修、李亮《〈灵经大传〉的颂唱传统与温
　　州鼓词》，《文化遗产》2010年第3期。

从庐山学法回来，由江西入浙江，经杭州，沿钱塘江、富春江西至金华、兰溪、永康，然后南下，沿经缙云、丽水、青田直达温州，再继续南下进入福建境内，一路发生的故事，都与当地风物密切关联。结合了缙云当地风土人情的陈十四传说，使人们更加相信彼时彼地曾经真切地发生过传说中的人和事。"传说的核心，必有纪念物，无论楼台庙宇、寺观庙观，总有个灵异的圣址，信仰的靶的，也可谓之传说之花坛，发源的故地，成为一个中心。"[1]在以张山寨为中心的周边方圆几十里地就流传着陈十四在这一带除妖护民显灵的种种传说。对于当地民众来说，这些传说在他们心目中无疑都是真真切切的，也是他们虔心奉祀的理由。胡官庄老人说，1957年8月，缙云大黄村有狼群过境，因其形如狗，人们称它们为狗头熊。村中有两个小孩遇害，人们一时惊慌，从几十里路外的张山寨迎陈十四娘娘副本雕像供于村中，场面庄严肃穆，附近数村的民妇前来参拜。一段时间后，狼群消失，人们都认为是陈十四娘娘显灵了。

　　在缙云民间，众多有关陈十四的传闻以耳闻目睹的方式不断产生，并为当地居民所津津乐道，具有很强的生命力。它们重复着神明的灵验，不断强化着人们头脑中和生活中无处不在的陈十四信仰。比如传闻中陈十四神威逼退太平军的故事：当年太平军内部混战，

[1] 柳田国男《传说论》，中国民间文艺出版社，1985年，第26页。

在缙云胡源插花墩一战中，百姓被困，神娘显灵帮助村民逼退乱军。官方文献对此事亦有记载，但并未提及陈十四显灵之事。

清末政局动荡，王朝深陷于内忧外患之中，咸丰、同治年间爆发的太平天国运动，对清廷和地方社会秩序都产生了既广且深的影响和冲击。各地乡族、士绅力倡，在原有保甲组织的基础上大兴团练，以求自保，使地方社会普遍出现军事化的趋势。缙云所处的浙南，经历了这次劫难，也同样促成了团练组织的兴起。光绪二年（1876年）的《缙云县志》，对咸丰辛酉（1861年）和同治壬戌（1862年）"粤匪"（太平军）之乱的记载，几乎占了其《人物·忠义》和《兵事》的大半篇幅。而在忠义人物当中，大部分跟倡议、督率、筹办、会约民团有关，并且形成了东乡、西乡、南乡三大民团。如光绪版《缙云县志》卷八《人物·忠义》、卷十五《兵事》记载："李逢青，夏川人……咸丰辛酉四月，粤匪踞缙……青倡议民团，为战守计，与族弟洪应部署各勇，累挫贼锋……""吕守丹，例贡生，居乡，敦厚有令望，辛酉十月十三日，贼入境，约民团会剿……""胡镇清，武生，同治元年六月，督率民团攻庐堂，杀贼无算……""朱凌逵，增广生，有闻望，为乡里衿式，辛酉，贼陷邑城，时年八十余，犹与筹团局……""赵维邦，邑诸生……壬戌之乱，避居松岩。八月初一，会乡团，夜攻上王贼垒……"这些义士均因死难而获赠"世袭云骑尉"。

其中的南乡涵盖了张山寨庙所在的十六都。在这些死难的忠义人物中，有一位特别值得注意，即来自胡村的胡月芬：

> 胡月芬，事母孝，少习武艺，娴弓马。粤匪掠南乡，民团出击，芬每争先。人皆祷于神，彼独仰天祝曰："苟能捍御一方，身死不足惜也，敢以吾头赛。"连战八昼夜，贼不能破，及战于插花墩，芬股中（石驳），血流溅足，仆复起者数次，格杀贼目三人，众不及援，竟为贼裂心枭首去。贼亦胆落，坚壁不出者累日。其乡后果获安。[1]

这段文字的重要之处，在于它所包含的信息为我们理解胡村胡氏—民团—神灵—报赛之间的微妙关系提供了关键线索。胡月芬为拥有武童身份的乡绅，也是南乡民团的重要人物，虽然我们很难获悉该民团在组织领导方式、参与的乡族、活动的范围、操练的内容等各方面的具体细节，但其成员似乎大多来自今日七七庙会及巡游路线所经的主事村落。[2] 此外，所谓"人皆祷于神"，此"神"应该就是十六都献山庙的陈十四，这一点，可以通过民间口传在插花墩之战中陈十四显灵退太平军的故事中得到印证。

民间流传的这个故事版本，被胡村乡贤章晚春老先生记录在《献山庙记》（未刊稿）中，此书稿为作者凭自己的记忆，并搜罗民

---

[1] 光绪版《缙云县志》卷八《人物·忠义》

[2] 在同治元年南乡民团与粤匪的插花墩之战和胪堂之战中，被县志记载的阵亡者，有大量胡姓、章姓人员。

间传说加工整理而成。

《献山庙记》讲述了张山寨献山庙的来历以及陈十四在这一带的种种民间传闻，共分十七章，其中"太平军袭境，陈十四显威"一节，详述胡月芬率民团抗击太平军于插花墩及陈十四显灵退敌之事。文中称当时有南乡十余万人逃至插花墩张山寨避难，并称胡月芬为南乡保卫团团长。

胡月芬誓言"以头赛"，也显示他愿以牺牲自己来献祭神明的决心，加之他"习武艺、娴弓马"的武童身份，自然使他成为统领指挥、教习民团操练的头目。凡此种种，我们可以推测，南乡民团的组织，很有可能是利用了陈十四神庙及其仪式传统的原有框架。

因此，七七庙会中出现以演练阵法、比武竞技作为整个仪式中的重头戏，就成了顺理成章的事。虽然它在今日的庙会中已经只剩表演的形式，但在历史上它作为民团练兵习武的一种特殊安排，是有着实质性与象征性兼具的内容和意义的。会案中的迎罗汉，最能体现这一历史意味，它是一种集操练、阵法、战术、杂技、比武、健身等为一体的表演，包括罗汉阵、各种刀术、棍术、滚钢叉、拳术、叠罗汉等。队伍中刀、枪、棍、棒林立，由头旗和两支先锋号为前导。表演时先在庙前绕场一周，围成大圆圈，再展示各色娴熟高超的技艺，动作有大牌坊、小牌坊、过仙桥、七丁珠、叠水井、开荷花、观音扫殿、老鸦扇翼等。其中罗汉阵阵法变化多端，有大团圆阵、半月

阵、四方阵、大交叉阵、九连环阵、梅花阵、龙门阵、蝴蝶阵、小盘龙阵、剪刀阵、双龙出海阵等十六个阵法。目睹这一盛况,我们可以想象当年南乡的绅耆们(如胡月芬等)是如何把练兵习武改造成迎罗汉加入迎神赛会的,也仿佛看到了南乡民团借迎陈十四而大练阵法、鼓舞士气的壮观场面。

由此可见,张山寨七七会既是一种跨越时空的民俗传统的延续,同时也是一种在情景化的历史进程中地方社会文化的层级性构造的方式和结果。具体而言,首先,是陈十四传说、信仰与仪式传统广为流传因袭,成为该地区的旧民俗和地方文化的基本内涵;其次,是陈十四和其他地方神灵及其庙宇系统与村落和宗族的发展紧密关联,并由此形成地域控制与认同的网络;其三,是地方社会的历史进程与特定时代背景和特殊历史事件的遭遇,使得既有的社会组织和象征性资源被策略性地加以利用和改造,并带来了地方社会本身的适应性变化;最后,则是一种包含了多层次文化和社会意涵的新民俗的产生。

尽管时间的流逝渐已磨灭了张山寨七七会在纷乱世事中打下的历史烙印,但作为缙云南乡这一传统地域认同下的集体记忆的重要组成部分,它的年度上演,既为早已打破这一地域认同界线的参与者们创造了一个人神共娱的"狂欢"时空,也为地方社会的构造和社会秩序的不断重整和延续,提供了一个操演记忆、实践和表达的框架和场域，从而在当地的世俗与神圣相交织的社会生活中建立起了一种"象征的秩序"。[1]

民俗表面上总是与"保守"的、"固陋"的或者文化的"惰性"相连，但它作为构成生活方式的一种集体无意识，其合理性和生命力实际上在于它是一种民间智慧与生活艺术的表达。[2]另一方面，民俗非但不是一成不变的，而且最深层、最内在的结构性社会变迁可能即体现和完成于民俗的变迁中。[3]就张山寨七七会而言，历史上它就从来不是一种固定不变的遗产，因地方口传所认定的陈十四神诞日与被称为"中国情人节"的传统七夕（乞巧节）相重合，男女青年相会对歌守夜、谈情说爱，作为今日该庙会的另一部分重要内容的出现，就使旧民俗因新意涵的不断叠加、生成而形成了新民俗。因此，我们对非物质文化遗产的保护，要保护的也就不是被我们从生活和历史的脉络中切割出来的标本，而是作为社会生活及其意义体系不断建构过程的有机组成部分及其社会文化土壤的民俗。从这个意义上说，遗产只有发生着变迁，才能称其为遗产，所谓活态的最根本含义即在于此。

---

[1] 刘晓春《仪式与象征的秩序：一个客家村落的历史、权力与记忆》，商务印书馆，2003 年。

[2] 黄向春《民俗与历史学的人类学化》，《民俗研究》，2002 年第 1 期。

[3] 汤普森（E.P.Thompson）《民俗学、人类学与社会史》，蔡少卿主编《再现过去：社会史的理论视野》，浙江人民出版社，1988 年，第 184–206 页。

[贰]七七会的组织形式

经过历史的积淀与流传,张山寨七七会为浙中南、浙西南地区规模最大的民俗活动。庙会上,富有浓郁地方特色的古老民间表演队伍竞相献艺,精彩纷呈,堪称民间嘉年华。

张山寨七七会规模大,案队多,几百年来,民间一直沿用主事村点轮值的办法,确定胡村点、沿路头点、田洋点、雅江点等为迎案主事村点,每个主事村点由周边三到六个村组成一个案坛。旧时共设有七个案坛,后合并为:以胡村为中心的案坛,包括胡源乡的胡村、上坪、上宕、蛟坑、柘岙口和方溪乡的北坑、下寮、吴山等村;以雅江为中心的案坛,包括茶园头、雅江、大黄、卢秋、杨山、石上、池岭、山坑等村;以田洋为中心的案坛,包括岩坑、沈宅、洪坑桥、花楼山、西岙、姓潘、南弄、周札等村。各村宗祠存有娘娘轿,各坛内设有陈十四娘娘行宫,称娘娘宫。

每个案坛由轮值首事村负责每年活动的安排,组织民间案队。过去组织者由村里德高望重的老人担任,现在一般由村里的老年协会会长负责。各村委会根据村里的情况拿出数额不等的经费作为活动开支。比如庙会主事村摆案坛的费用由村集体出一部分,村民集资一部分。参加迎案的表演队伍由村民自发组织,不计报酬。服装和道具的费用,各村情况不一样,有村委统一支付的,也有自付的。而七月初七会案当天庙中大量的膳食开支,包括人力和财力,都是附近村民自发提供的，据庙中伙房的帮工说，那一天，起码要烧一千多斤的米。庙里常设三名管理人员，一个总管、一个膳食主管、一个管账。管账的老人保存着一本账本，账本上详细地记录着1985年民间集资复建庙宇以及之后的维修情况，包括捐资、义工、支出等情况。

　　轮值制度构成了这一文化秩序体系。以张山寨为中心地点的祭祀，则是村落家庭群体通过敬拜陈十四，整肃与共认本村内部与外部的生活秩序、公众道德规范，并加强地域的联合。

　　庙会期间，缙云本县和杭州、温州、丽水、永康、磐安、仙居、永嘉以及福建、江西等地的善男信女，从四面八方纷至沓来；甚至

众多表演队有序进山

案队林立

连港、澳、台都有香客前来参加,参与庙会人数达数万之多。附近各村的男女老幼更是全力以赴,万人空巷。其时,献山庙周围四条陡峭的古道上,行人如织,络绎不绝;各案坛的案队在献山庙聚齐后,大殿周围案兵滚滚,旌旗猎猎,刀枪晃晃,棍棒林立,观之目不暇接,眼花缭乱;爆竹声声,喊声阵阵,鼓号齐鸣,锣钹喧天,此起彼伏,闻之似金鼓喧阗,洋洋盈耳。还有烧香的、祈福的、求签的、还愿的、约会的、观光的、算命测字的、解读签诗的,以及小商小贩等。届时人潮涌动,熙熙攘攘,人声鼎沸,摩肩接踵,张袂成荫,把大殿挤得水泄不通。热闹欢快的气氛弥漫于庙宇及周边。案队的精湛表演,尽显民间特色,尽展民间艺人的风采,把一股股浓浓的乡土人情味传递给流连忘返的人群。多种民间艺术的交融，体现了独特浓郁的地方文化色彩。参演的案队有：队伍庞大、囊括社会各行各业的三十六行，变幻莫测的罗汉阵和造型惊险奇特的叠罗汉，遮天蔽日、迎风猎猎的长幡队，富有节奏、曲调悠扬的大莲花，和着欢快音乐、踏着款款舞步的秧歌队，行动笨拙、憨态可掬的大头娃娃，充满青春活力、动作协调的腰鼓队，节奏明快、索索作响的铜钱鞭，舒展身姿、翩翩起舞的纸扇班，优美流畅、婀娜多姿的花篮舞，还有壮牛般的小伙舞着龙狮的队伍，以前还有抬阁和高跷（缙云话：长脚鹿），等等。

[叁]七七会的文化空间

（一）七七会的特色

张山寨七七会活动地点位于缙云溶江乡与胡源乡交界处，这里山高林密，风景秀丽，分别由四条步行古道盘绕而上，具有优厚的自然资源。不仅如此，七七会还具有深厚的人文基础，这是庙会得以产生、发展、盛行的最基本条件。此外，庙会活动还有其他诸多特色。

山寨盛会

扇子舞表演

1.广泛性

献山庙会是根植于民间文化土壤里的一朵奇葩，是民间草根文化的积淀与传播，宗教艺术与世俗艺术共放异彩；集中了民间艺术的精华，也是群众性的文化娱乐活动。当地民众男女老少几乎人人参与，不是参加案队，就是充当观众或在家接待宾朋。此外，还有来自杭州、金华、温州、丽水各县市及福建、台湾等地的民众，参与民众的人数之多和地域之广泛，实属罕见，庙会的凝聚力和影响力可见一斑。参加活动的案队非常多，分布极广。参演人员不分男女，年龄跨度大，上至耄耋老人，下至三岁幼童。外出求学、务工、经商的人们毫无例外都会在这个时间节点赶回来参加盛会。

儿童秧歌队

2.传承性

庙会文化如同历代乡民在这块土地上自然繁衍生息，代代传承。几乎每位乡民都参与庙会活动，大部分参加过案队。他们从小耳濡目染，身体力行。长者言传身教，原汁原

乐队表演

味，经久不衰。有关献山庙、大亲娘、庙会的传说等则通过口头一代一代传承和积淀，极具生命力和韧性。

3.严密性

庙会组织非常严密，遵循古例，采用分坛、分村点组织活动。设立主事村点，轮流策划、组织、指挥、协调各村点的庙会活动。活动的一切事宜，均由爱好庙会活动的民间人士组织。这些组织者信仰坚定，公正无私，事业心强，办事执着，无偿奉献，且都是庙会文化的行家里手。他们分工明确，配合默契，各司其职，各负其责。庙会的组织工作开展得有声有色，有条不紊。

4.自发性

庙会活动无须行政组织，无须刚性要求，无须考勤考绩，无须支付报酬。均由民间自发组织，自愿相邀，自主参加，自筹资金，自设体例，自备道具，自承传统，自行管理，自我约束，自娱自乐。人们极具主人翁意识。充分体现了民众的祈福消灾、向善爱乡、娱乐消遣、团结互助的愿望。

（二）七七会山歌荟萃

缙云山歌就是缙云歌谣中的民歌，流传于缙云县五云镇、东渡镇、新建镇、东方镇、壶镇镇、大洋镇、舒洪镇、七里乡、方溪乡、前路乡等地。缙云山歌是底层劳动人民的口头诗歌创作，是直接反映人民群众思想感情的语言艺术，具有鲜明的艺术特色。

1.情真意切，坦露心声。所谓劳者歌其事，饥者歌其食。创作方法上既有现实主义的，也有浪漫主义的，但都是劳动人民在生活生产过程中有感而发的。

2.格调优美，形式多样。缙云独特的地理环境、独特的风土人情产生了具有独特内容和风格的民间歌谣。它们朴素清新、情意深切，形象鲜明、生动活泼，音韵和谐、朗朗上口，有很强的艺术感染力。诗句结构以二二三式的七字句为主，配以孟姜女、洗菜心、女相思等曲调，优美动听。

3.抒情叙事方法多种，意境引人入胜。缙云歌谣的手法为赋、比、兴，此外，还有拟人、对偶、谐音、双关及摹声、叠音等手法。劳动人民巧妙地运用这些手法塑造鲜明生动的形象，借以抒情或叙事，富有概括力与艺术感染力。

缙云歌谣根据其基本内容，大致可归纳为劳动篇、时政篇、仪式篇、情歌篇、生活篇、儿歌（童谣）篇和其他篇等类型。庙会上以生活歌谣和情歌为主。

1.生活歌谣：特指反映人民社会生活现状及家庭生活景况的歌。如《十劝郎兄》《十劝姐》《十月怀胎》《天下歌》《劝赌歌》等。

2.情歌：是广大人民群众爱情生活的反映，主要抒发男女间由于相爱而激发出来的悲欢离合的思想感情。如《十望郎》《十想

姐》《十绣香袋》《挑水歌》《女相思》《洗菜心》《我做梅香一世空》等。

3.劳动歌谣： 是指包括田歌、山歌、劳动号子等的所有直接反映劳动人民生活或劳动节奏的歌谣。如《放牛歌》《开船歌》《烧炭歌》《采茶歌》等。这些歌谣大都伴随劳动节奏歌唱，与劳动行为相结合，描绘劳动时的情景，诉说劳动中的感受。

4.仪式歌谣： 是伴随民间礼俗和祀典等仪式而唱的歌谣。产生于人们对自然界的事物缺乏认识而对语言又很崇拜的时候，幻想用语言的力量去打动神灵，用以祈福免灾，后来逐渐演变成各种仪式歌。如《新屋上梁歌》《十请新妇》《送瘟神》等。

5.时政歌谣： 是人民群众有感于切身的政治状况而创作的歌谣。它反映了人民对某些政治事件、政治措施以及与此相关的政治形势的基本认识和态度。如《十二行军歌》《孟姜女》等，都属于这一类。

6.儿童歌谣： 主要是指儿童游戏时唱或为儿童唱的记叙某些事物的歌。如《月亮婆婆敲天锣》《萤火哥》《大麦两头尖》等。

在张山寨七七会上唱得最多的是以下这几首：

十望郎

初一燕姐去望郎，走到江边雨茫茫。

拔落金钗当桥柱，拔落扁簪当桥梁。

初二燕姐去望郎,走到床边问声郎。

问你郎兄哪样病,相思得病卧落床。

初三燕姐去望郎,手巾掇(缙云方言:包裹着拿取)米煎粥汤。

左手揭开布帐门,顺手扶郎喝粥汤。

初四燕姐去望郎,买只公鸡望情郎。

揭壶提鸡要露眼,手巾掇鸡难带汤。

初五燕姐去望郎,买来莲子买来糖。

走到街头趴(缙云方言:读pā,跟跄)一脚,失落莲子失落糖。

失落莲子粒粒拾,失落莲子满街黄。

初六燕姐去望郎,买来西瓜望情郎。

一手拿刀一手切,问你郎兄凉不凉。

初七燕姐去望郎,上街下街开药方。

百样药方求转光(缙云方言:到处找遍),相思成病难开方。

初八燕姐去望郎,只见棺材不见郎。

爹娘面前难吊孝,做个粗布搭肚(缙云方言:斗方形的肚兜)底襟藏。

初九燕姐去望郎,卅六弟兄抬我郎。

前面抬到紫金山,紫金山上安(缙云方言:葬坟的雅称)情郎。

初十燕姐去望郎,舂作麻糍舂作糖。

叫你牛郎都来吃,切莫牛踏损我郎。

十想姐

一想姐姐在心头,今夜无姐冷揪揪。

想起姐姐私情事,啼啼哭哭眼泪流。

二想姐姐自思量,怎该分别出外乡。

日间无姐还则可,夜间想起难天亮。

三想姐姐眼泪流,可比火上来添油。

六魂七魄随你去,只留一魄守心头。

四想姐姐实有心,拆散鸳鸯两边分。

时时刻刻想姐姐,怎该失了当初情。

五想姐姐心在家,我郎想起心花花。

肚肠心肝如刀切,今日外出悔当初。

六想姐姐心中狂,想起姐姐大难当。

上夜梦中姐共枕,醒来独自一个郎。

七想姐姐好音声,轻轻说话赛弹琴。

家中贫苦难留客,我郎失了姐姐情。

八想姐姐好人才,姐姐生好我郎爱。

可恨自己命生苦,我郎没有好女配。

九想姐姐有思量,你姐可比是鸡冠。

鸡冠花开我郎采,我做蜂蜜采一场。

十想姐姐也无缘,今夜无缘两分别。

时时刻刻想你姐,两眼流泪苦涟涟。

十骂姐十劝郎

男:第一骂姐无思量,当初与我结鸳鸯。

　　眼泪汪汪来骂姐,赛如快刀割肚肠。

女:第一劝郎郎心宽,思前想后结鸳鸯。

　　不要流泪来骂姐,怎讲快刀割肚肠。

男:第二骂姐太不该,当初不该叫我来。

　　半夜三更到你处,到你门前门不开。

女:第二劝郎笑嘻嘻,门前封锁后门开。

　　门开天亮怕盗贼,怎知你郎又不来。

男:第三骂姐实无情,日夜都嫌我郎贫。

　　今日有钱今日好,明日无钱骂郎君。

女:第三劝郎进房中,劝你哥哥来相逢。

　　钱财多多要用尽,小小情义值千金。

男:第四骂姐实在怨,我比鲤鱼在深潭。

　　鱼在深潭本是好,钓我上岸心不甘。

女:第四劝郎切莫怨,鲤鱼本是在深潭。

　　百鸟飞到青山好,劝郎回到姐身边。

男:第五骂姐怨又怨,我做鸳鸯在江边。

鸟在青山多自在，鱼在沙滩多可怜。

女：第五劝郎不用怨，只爱哥哥是少年。

哥哥今日来到此，怎敢假意对你言。

男：第六骂姐真不该，当初许我姻缘配。

今日与我私情断，从今断绝不相会。

女：第六劝郎你且听，莫讲我姐是无情。

从来决心相配你，上下高低我知情。

男：第七骂姐不甘心，与你恩情到如今。

你姐只想风流好，不爱我个差郎君。

女：第七劝郎听言音，我姐风流到如今。

我姐多想你郎好，不想别个好郎君。

男：第八骂姐坏良心，当初叫我莫讨亲。

害我兄弟不和气，多少钱财送你门。

女：第八劝郎听我言，只爱哥哥不爱钱。

自来自去梁上燕，赛如鸳鸯在江边。

男：第九骂姐无思量，想着爹爹又想娘。

当初不听爹娘话，到此如今悔也难。

女：第九劝郎听我言，姐姐劝郎在身边。

劝得你郎心欢喜，只要情义不要钱。

男：第十骂姐都骂完，千年万古都流传。

无情无义无结果,有情有义得团圆。

女:第十劝郎劝团圆,自古至今人流传。

十指伸出有长短,口舌牙齿总相连。

十二送郎

第一送郎落踏床(缙云方言:从床前矮凳下去),手攀床杠吩咐郎:

"山坑冷水切莫吃,独株树下莫乘凉。"

第二送郎落楼梯,手攀门闩门不开。

问你哥哥几时回,明年三月桃花开。

第三送郎出三间,砻糠搓绳起头难。

叶上油麻难开口,叶下油麻开口难。

第四送郎出街沿,橼头滴水相交连。

隔壁叔婆问我咋事干(缙云方言:怎么了)?"前生结来好姻缘。"

第五送郎落阳沟,阳沟一对好泥鳅。

午前(缙云方言:上午)泥鳅团团转,午傍(缙云方言:下午)泥鳅共枕眠。

第六送郎落道坛(缙云方言:天井),拿把杭州雨伞盖太阳。

前盖哥哥白如雪,后盖妹妹白如霜。

第七送郎路堂中,路堂碰着三叔公。

凭你叔公勿叔公,手执凉扇遮面风。

第八送郎大门前,一片乌云盖半天。

保佑天公下大雨,留你哥哥宿夜添。

第九送郎大岭头,大汗吹吹小汗流。

白绫手巾郎擦汗,三口清水润郎喉。

第十送郎苍岭坑,十株杨梅九株生。

一手拖来一手摘,凭你下年生不生。

红红摘来我郎吃,青青摘来诱(缙云方言:读yā,大人用食物逗小孩)外甥。

第十一送郎大溪边,溪边一只大渔船。

只要渔船快撑过,一渡给你二渡钱。

第十二送郎大桥头,手攀栏杆眼泪流。

过路客官问我咋事干,送个郎君不回头。

廿四对

女:正月春兰名子君,劝你书生莫邪因(缙云方言:别心存邪念)。

　　奴奴本是娘边女,春宵一刻值千金。

男:正月春兰名子君,二八十六正相因(缙云方言:正合适)。

　　白鹤娘子仙宫坐,也配凡间陈子春。

女:二月春分开杏花,未配情郎在娘家。

　　自古姻缘爹娘许,怎敢私情两相和。

男：二月春分开杏花，蜜蜂见花两相和。

　　董永姻缘天降福，槐荫树下遇仙姑。

女：三月清明桃正开，劝你书生切莫来。

　　爹娘双亲高堂坐，十指弹门门不开。

男：三月清明桃正开，燕子千里又飞来。

　　杭州读书梁山伯，书堂结义祝英台。

女：四月小满开木香，情郎不可肚思量。

　　奴奴好比婆婆树，月里嫦娥难见娘。

男：四月小满开木香，姐姐不可硬心肠。

　　先朝有个潘必正，婚配尼姑陈妙常。

女：五月芒种石榴红，绣花女子在楼中。

　　自少绣花有名件（缙云方言：名堂），难绣情郎喜相逢。

男：五月芒种石榴红，花枝叶下喜相逢。

　　张生得病想莺莺，鸳鸯绣枕得和同。

女：六月荷花鲤鱼吞，年轻岁少未配婚。

　　有缘千里重相会，月移花影上栏杆。

男：六月荷花满池塘，绣花娘子正相当。

　　先朝有个孟姜女，也配华州范喜郎。

女：七月花开是剪菱，奴奴可比天上星。

　　十五十六星明月，照见凡间有私情。

男：七月剪菱朵朵鲜，十朋结发詹玉莲。

玉莲娘子投江死，艄公相救得团圆。

女：八月木樨行路香，书生不可乱思量。

用心用意供书去，怎该调戏小女娘（缙云方言：小娘子）。

男：八月木樨行路香，女子不可硬心肠。

先朝有个名周鹿，偷伴（缙云方言：约伴）都官会五娘。

女：九月霜降菊花黄，吩咐梅香开楷窗〔缙云方言：梅香（丫鬟）
开窗〕。

看看书生不落后，自有嫦娥结成双。

男：九月霜降菊花黄，皇帝公主也配郎。

月里嫦娥成双对，织女也要配牛郎。

女：十月花开是鸡冠，郎想攀花实在难。

千金楼上学针线，花房可比凤凰山。

男：十月花开是鸡冠，鸡冠花开我心宽。

小郎庐山去学法，回转花楼采鸡冠。

女：十一月正是无花开，观看书生好文才。

若要姻缘相许你，也要爹娘金口开。

男：十一月正是无花开，蜜蜂见花有意来。

只用你姐亲口许，何用爹娘金口开。

女：十二月大寒雪花飞，半天霜雪落皑皑。

雪上一条私情路,园中缺少一枝梅。

男:十二月大寒雪花飞,亲口许我何用媒。

绣房相许私情事,郎姐相会得团圆。

采茶歌

正月采茶贺新年,拔落金钗典茶园。

典来茶园十二片,当官印契两交钱。

二月采茶茶抽芽,姐妹双双采细茶。

姐采多来妹采少,不论多少采回家。

三月采茶茶叶青,姐在家中绣手巾。

两头绣起茶花女,中央绣起贩茶人。

四月采茶茶叶黄,姐在家中两头忙。

麦又黄来蚕又老,采了茶叶麦又黄。

五月采茶茶叶圆,茶山树下有蛇蟠。

放开眼界观动静,驱逐恶虫保平安。

六月采茶大难当,太阳如火水如汤。

多栽茶树无人采,多栽杨柳少栽桑。

七月采茶秋风凉,风吹茶花满园香。

大姐回头问妹妹:"早茶香耶晚茶香?"

八月采茶茶叶稀,姐在家中上高机。

多织绮罗三五丈,为郎做件贩茶衣。

九月采茶九重阳,桂花美酒菊花香。

姐把壶来妹把盏,姐妹双双过重阳。

十月采茶过大江,脚踏船头水汪汪。

过了大江慢慢走,卖了细茶转回家。

十一月采茶大雪飞,深挖茶山又施肥。

天时寒时人不冷,眼看明年长好茶。

十二月采茶过岭东,十对茶篓九双空。

等到下年春三月,茶山树下再相逢。

烧炭歌

正月时节是春兰,一心思想去烧炭。

汤溪龙游都走过,总总没有好坛场(缙云方言:地方)。

二月时节杏花开,半路遇着施文才。

来到未曾一个月,油盐米菜寻不来。

三月时节牡丹开,青天白日坐处(缙云方言:坐在家中)嬉。

五更吃碗稀饭粥,到至乌日(缙云方言:晚上)肚中饥。

四月时节蔷薇黄,口中不说肚中狂。

烧炭都是英雄汉,渐渐饿了大难当。

五月时节是石榴,到此如今吃苦头。

夜间想起心事重,日间上山假风流。

六月时节是黄连,到此如今悔不完。

住在铺中无好吃,早日回家还心愿。

七月时节好采菱,文才哥哥做好人。

一百八十找了我,我到别处寻客人。

八月时节木樨花,再寻客人有一个。

烧炭出水十多里,山头柽子横香椿。

九月时节菊花黄,做起洋钿块块藏。

油盐米菜吃不尽,赛过活佛出天堂。

十月时节开鸡冠,个个小弟都喜欢。

今日上山做柴子,若是落雨便挑炭。

十一月时节是蜡梅,个个小弟都发财。

做起衣衫新到底,还想下年再转来。

十二月山茶满团圆,我到兆岸[1]等工钱。

客人快快找了我,平安吉庆好过年。

[肆]七七会的活动内容

(一)仪程仪轨

　　张山寨七七会历时三天,规模盛大,经过几百年的传承流变,逐步形成了七个主要活动程式:设立案坛、上寨迎轿、巡游祈福、献

---

[1] 兆岸:地名。

等待表演的各路人马

戏、山寨守夜、会案表演、祭拜归位。

1.设立案坛

因为参加庙会的乡村众多，庙会的规模盛大，案队林立，使面积并不大的献山常常人满为患。为了确保迎案有序进行，在明万历年间庙会诞生之初，溶江乡岩坑、田洋等村的首脑商定：分点错时轮流迎案。此俗延续至今。每个点由周边三到六个村组成一个案坛，胡村点（胡村、柘呑口、茶川为轮值主事村，其中胡村每三年轮值两年，柘呑口、茶川每六年轮值一年；沿路头、潜源、蛟坑为参与村，后蛟坑村脱离胡村点，加入上坪点）、雅江点（雅江、石上、池岭、山坑、卢秋、大黄)、田洋点(田洋、新宅、溪根、岩坑、岭脚吴)参与七月初七大庙会;章村点(章村、招序、东山)、上坪点参与十月十五大庙会。正月十五的庙会,主要是迎龙灯和迎花灯活动,况且都在晚间进行,规模较小,故没有规定具体参与的村点。另外,有些村点只是偶尔参加,如大源点参加七七庙会,舒洪、双溪、横塘岸、周升堂等点参加十月十五庙会。为使民间表演有序进行,民间沿用明万历初年确立的主事村点轮值办法,即确定胡村点、沿路头点、田洋点、雅江点等为张山寨七七会的迎案主事村点,每个主事村点由周边三到六个村组成一个案坛。坛内设有陈十四娘娘的行宫,称娘娘宫。每个

案坛迎案

案坛由轮值主事村负责每年活动的安排，组织迎罗汉、三十六行、大莲花等十几支民间表演队伍。

2.上寨迎轿

每年从六月初开始，轮到的主事村要择黄道吉日（也有在七月初三），以红纸写的请帖向同案坛的村发出邀请，相约去献山庙，以古代皇帝出巡的隆重仪式，组织全副仪仗，抬着空銮轿（俗称娘娘轿），到献山庙恭迎陈十四娘娘神像。

到献山庙后，先在娘娘神像（不是大殿上的金身）前摆香案，案

陈十四娘娘巡游銮轿

陈十四娘娘巡村

献山庙前等候神驾的轿夫

娘娘出巡途中

上摆放三牲祭拜，现在的供品一般为米粉做的空心红桃、印饼、糖果、糕点等。然后，燃香点烛，鸣放爆竹鞭炮，鼓乐齐奏，在主事的指挥下，将娘娘神像请入座銮，由四人抬着銮轿，以牌灯香火灯笼为前导，在罗伞（也叫百叶伞，由华盖演化而来）、掌扇、刀、枪、斧、钺等全副仪仗的护卫下，浩浩荡荡地迎娘娘下山，安放在村点的娘娘宫里。安放好后，在娘娘神像前设香案，陈放供品，安排人员添香换烛，日夜轮流值守。

现在一般把娘娘神像安放在大会堂供奉，且本案坛内的每个村，基本都有各自的銮轿。有时也相约一起去献山庙接送娘娘。为图省事，不再严格按古制操作。迎来的娘娘坐像都各自安放在自己的村里；或干脆把娘娘坐像长期放置在銮轿中，去献山庙迎送仅仅是一种形式而已，甚至形式也省略了。銮轿只是在出红台（彩排）或迎案时抬出来。

3.巡游祈福

以前，为了提醒人们在娱乐的同时，也不耽误活计，做到干活、娱乐两不误，劳逸结合，为参加庙会做好思想和物质上的准备，同时也为七七庙会造势，故在七月初一、初三、初五的夜晚和初二、初

从献山庙接迎神驾的队伍

陈十四娘娘出行宫

神驾巡村

四、初六的早上，村里派专人穿街走巷，敲着大锣，进行讲宣。鼕鼕的锣声伴着抑扬顿挫的讲宣声，是七七庙会期间街头巷尾的一道亮丽风景，为节日平添了许多热闹、欢快的气氛。初一晚初二早的口号是"男子人（男人）办牛粮，女客人（女人）洗衣裳，初三上寨接娘娘"；初三晚初四早的口号是"男子人办牛粮，女客人洗衣裳，初五案道好出场"；初五晚初六早的口号是"男子人办牛粮，女客人洗衣裳，初七上寨拜娘娘"。其中"办牛粮"和"洗衣裳"只是一种形象的说法，其实就是要人们在初二、初四、初六这几天必须抓紧时间做好该做的事情。当然，"衣裳"和"牛粮"是最要紧的活儿。牲畜有足够的食粮，初三、初五、初七才可以放心地参加或观赏相关的庙会活动；穿着干净光鲜的衣裳参加活动，才感觉体面、自豪，也是对娘娘的最大尊重。在这段时间里，不光是大人，就是孩子也一样要参加力所能及的劳动。此时，所有的人都沉浸在无比欢乐的气氛中，愉悦之情溢于言表，心里憧憬着极富诱惑的庙会，心灵被深深地鼓舞着，时刻处在亢奋状态，干什么活都不觉得累，甚至连相互之间的关系都融洽了许多。在庙会过后的一段时间里，庙会仍然是一个令人兴奋的话题，为大家所津津乐道。人们会长久地沉浸在庙会带来的欢乐之中。以现在的眼光观之，也可能觉得幼稚可笑，但在那几乎没有娱乐而人们的欲望还处在比较初级的时代，容易满足，知足常乐，那时的愉悦程度确实比现在要高得多。这也是庙会的最现实、最普遍的意义。正是：

> 锣号矍矍伴喊腔，家家老少乐奔忙。
>
> 女人赶紧涤服饰，男子急着办畜粮。
>
> 村点巡游祈寿祉，献山会案乞安康。
>
> 娘娘未拜心澎湃，既拜娘娘意气扬。

农历七月初五，案坛内各村集中在主事村的娘娘宫前进行会案，即迎神表演。每队表演后都朝娘娘宫跪拜，完毕，燃放鞭炮，敲锣打鼓，由八人杠抬陈十四娘娘座銮，各案队跟随其后，边走边演，在该案坛内的各村依次进行巡游祈福。每个村都事先在村口摆好供桌供品，等案队一到，即燃香点烛，放鞭炮恭迎。案坛内的各村都迎游完后，回到主事村，将娘娘神像安放回娘娘宫。

4.献戏

七月初三，同坛所有村点的案队，自己先来一次彩排，叫出红台或起案，有时也与接娘娘在同一天进行。出红台只是在本村的主要街巷或道路上表演，不去外村。出红台后，针对本案队存在的问题，及时进行整改，准备参加在七月初五本案坛内各村点的会案。巡演（也叫巡游）由轮值村牵头，以抓阄的方式先确定出案村。其他各村案队先集中在出案村表演，然后按地域排好路线程序，所有案队一起一村村地巡回演出，叫会案。这是除本坛案队的会案外，献山庙案坛案队的所有会案。从这个村到那个村去，沿途都燃放鞭炮爆

会案的围观群众

献山庙前的"酬神"

竹, 敲锣打鼓, 由四人抬着娘娘銮轿, 边行边演。各村须在案队到
来之前, 在村口摆设供桌, 放置供品, 准备迎接。案队一到, 即燃香
点烛, 燃放鞭炮爆竹恭迎。案队到各村会案, 所在村一般都有茶水
供应, 现在也有用西瓜、饮料等的。尤其逢中饭辰光, 所在村家家户
户都会准备饭菜招待亲朋以及沾亲带故的客人, 甚至陌生人也不例
外, 主客相处融洽自然。他们会因有客人来家里吃饭而感到自豪, 甚
至觉得客人越多, 说明自己的面子越大。这些都是出于村民的自愿,
无须行政指派, 村干部或负责庙会的领头人只是做一些协调工作。
这也许是只在庙会期间才会有的特殊景象, 也是庙会的积极意义
之一。

众表演队亮相

罗汉阵

精彩瞬间

　　各村会案完毕后，把娘娘銮轿抬回娘娘宫或原放置点，仍然有人日夜轮流值守，以使香火和供品不断。

　　七月初五开始，轮值村还要请戏班演戏，戏台正对着娘娘宫，让陈十四娘娘观赏。一般要连演三到七天，其中初七这天戏班要到张山寨献山庙献演，演出的剧目以男女爱情题材为主。

　　旧时，献山庙正前有四个戏台，每个案坛主事村都要分别请戏班进寨斗台演戏，四个戏班各演三个散出（短剧），以放火铳为号，一炮准备，二炮开锣，三炮定输赢，以三炮响时台前观众最多者为胜。因此，张山寨七七会每年的斗台戏都是名角云集，绝技纷呈，场面热烈而紧张。

5.山寨守夜

每年七月初六夜晚都有数千人各自带着梦而来。他们在庙宇周围及其附近山地安营扎寨。此时人流也挤满大殿的上下两厅，人头攒动，熙熙攘攘，比肩继踵、项背相望。他们有的为抢烧头炷香，有的则为求签祈福，有的为圆梦预测，有的为了观光体验，有的为了会友联姻，有的纯粹是为了赶热闹，还有的则几项兼而有之。山寨守夜是庙会的一个重要组成部分，也是一道亮丽的独特风景。夜色蒙蒙，星辉闪闪，火光点点，人影绰绰，礼花冲天，彩灯耀眼。香客、游客三五成群，或露天，或帐篷，或窃窃私语，或高谈阔论，或观光赏景，或谈情说爱，或引吭高歌，或大呼小叫，欢声笑语，此起彼伏。大家回归自然，返璞归真，在属于自己的时空里，放松身心，把平日里

山寨守夜

七夕山寨守夜的青年男女

的一切琐事和烦恼抛到九霄云外。矫饰的人性得以回归，疲惫的躯体得以松弛，禁锢的心灵得以放飞，躁动的心情得以宁静！其中大部分是专为祈求美好姻缘而来的青年男女。在旧时，男女青年受封建礼教的束缚，不能公开地交流接触，姑娘们更是不能随意外出参与社交活动。只有在庙会期间，才可以名正言顺地走出家门，参加案队或当观众，才有机会接触异性、吐露心声、谈情说爱、会友联姻。牛郎织女的七七相会，更增添了七七庙会的浪漫色彩和丰富内涵，因而七七庙会对部分青年来说，也就成了相亲会。这种延续数百年的最原始、最古典的相亲方式，至今仍然吸引着单身的青年男女，具有强大的生命力。

这一夜，庙宇及附近山头或空地通宵达旦，灯火通明，热闹非凡，是名副其实的不夜天，不眠夜。有人填一首七律描述当时之盛况：

爆竹鞭炮彻宵喧，篝火香烛漏夜燃。

会友联姻聊细语，祈福圆梦乞灵签。

左前右后人盈地，南北东西响震天。

此景只唯山寨有，他乡哪有此奇观?

张山寨七七会自从有守夜、对歌的习俗，便成了张山寨七七会活动的又一大特色。

胡源乡胡村有好几对八十多岁的村民就是在60年前的张山寨七七会守夜时，通过对歌相识，最终结为伴侣的。老人们谈及往事，满面春风，引以为豪。这种最古典的相亲方式至今尚吸引着许多时尚的单身人群。

农历七月初六晚上，在山寨周边的山野中，到处都有成双成对、男男女女的身影。他们燃起篝火，或是唱着古老的山歌，或是点起蜡烛合掌祈祷。远远望去，星光点点，场面蔚为壮观。张山寨七七会已成了年轻人最浪漫的传统节日。

6.会案表演

农历七月初七的会案表演，把张山寨七七会活动推向了高潮。各村参加会案的人都四更起床，五更出发。先聚集在各自的案坛娘

表演队陆续出场

唱莲花，边唱边舞入场

唱莲花通俗而草根

娘宫前列队等候，最前面的罗汉队呈环形排列，由头领喊口令、吹口哨指挥，刀、叉、棍、棒一齐顿地，朝娘娘宫方向跪拜陈十四，然后，鞭炮、锣鼓、号角齐鸣，列队出发。案坛内各队的行走顺序为：案头牌、案头旗、先锋号、大锣开路，后跟罗汉队、大联欢、秧歌队、三十六行、十八狐狸等民间表演队伍，最后由仪仗队护卫陈十四娘娘座銮起轿。各案队沿着山路边走边演，向张山寨进发。

各案坛的案队共有四十多支，约有四五千人。未到黎明，就到张山寨山脚，一时间，旌旗蔽

罗汉阵

竞相登场

献山庙案队竞技现场

空，刀枪林立。因上山只有四条崎岖山岭古道，谁都想捷足先登，抢占鳌头，为免混乱，历例规定：以先登岭头，并在岔路口插立案旗者为胜，胜者可优先进寨选占中心位置进行表演和祭拜。于是，火铳轰响，喇叭长鸣，"哦嗬"声连天，摇旗呐喊，冲锋而上，场面热烈而紧张。

到达张山寨后，各案队按顺序在张山庙前绕圈摆阵、献艺表演，现场高手林立，绝技纷呈。最精彩的莫过于叠罗汉表演，紧张刺激，不时博得在场观众的阵阵喝彩声；其次是三十六行、大莲花、铜钱鞭等许多古老的民间表演，让观众大开眼界。表演队伍中有上至八十多岁的古稀老人，下至三四岁的稚嫩幼儿。整个会场人山人海，鞭炮齐鸣、锣鼓喧天，气氛热烈，整个表演持续五个多小时。

7.祭拜归位

表演活动结束后，四个案坛的主事村各自杠抬娘娘銮轿，送陈十四娘娘回张山寨献山庙，俗称娘娘归位。归位时，参加护送陈十四娘娘的全体案队人员都要排队依次向陈十四祭拜。

（二）主要表演项目

张山寨七七会的信仰形式，除了祭祀的香火之外，更为典型的是表现在缙云民间艺术上，借以娱神、媚神、酬神，从而娱人、聚人。七七庙会中的民间文化艺术主要包括民间戏曲、民间歌曲、民间舞蹈、民间杂技、民间体育等内容，这些内容集中反映出缙云一带的艺术水平和艺术个性。

1.民间艺术表演

长幡

长幡，也叫毛公旗（毛公即蜈蚣，因固定旗身的竹篾极像蜈蚣张开的足而得名）或长旗。通常以布制作，三角形的幡头接连长方形的幡身。幡的种类繁多，

长幡表演队

等待上场的长幡队

原用于王者之仪卫,或作为猛将之指挥旗,后长幡成为武士或武将在战场立功夸耀功勋的标志。由于佛为法王,能降服一切魔军,故视幡为庄严的器物,常用来赞叹佛及装点庄严的道场,以显示佛降魔服妖的威德。《灌顶经》卷十一上说:"我今亦造作黄幡,常悬于刹(寺庙佛塔,也指寺庙)上,获夫德并离八涂苦,得生十方诸佛净土。"从各种记载看,中国早在6世纪末就把长幡用作佛事了。在献山庙会中出现长幡队,也说明释道两教的融合。

　　另外,民间在丧葬时所用的魂幡,也是幡的变种。古代帝王出巡时,也往往以长幡来壮大自己的声威。

罗汉队开演

罗汉阵·布阵

叠罗汉

耍武

叠罗汉

锣鼓开道

罗汉阵

　　迎案的长幡一般由三角形或长方形的红布幡头和五米左右的幡身等部分组成。幡身大多为白色布质，镶有锯齿状或平直的红边，也有不镶边的；幡头上书"献山庙"三字，还有在顶上扎红花或悬挂流苏、穗球等。旗身上下、中间都有竹篾支撑，固定在一根长竹竿上，写着一些表达人们美好愿望和对陈十四娘娘虔诚敬仰的文字，如"六位天仙娘娘护国佑民功德无量""陈十四娘娘显灵献山国泰民安风调雨顺""献山大殿六位天仙娘娘威灵显赫有求必应""人

威武罗汉队

诚神灵国运昌隆天下太平""风调雨顺五谷丰登四季平安""献山圣母真神降福保黎民""圣母娘娘佛光普照保全万国生民""欣逢盛世民心归一"等。雅江点因旧时有六个保（保：民国时期县以下基层行政组织，大致相当于现在的一个行政村）参与庙会，故有人写"六位天仙娘娘六保士庶盛会"，比较有特色。也有一些干脆就什么都不写，任由人们自行解读、想象。

长幡队在案队中比较醒目，远远就能看到。打长幡者不需要很高的技术，着装与罗汉队员差不多，打着绑腿，有时在头上扎一个英雄结，但需要足够的体力和耐力。迎案时，队伍排成一字形行进，风鼓旌旗，遮天蔽日，猎猎作响，加上锣鼓声声，号角阵阵，大有玉帝行兵，雷鼓云旗之势，尤其在弯弯曲曲的路上，更有"载云旗兮委蛇"的动感美。

在会案表演中，长幡也是装点场面、营造声势、呐喊助威的道具。

迎罗汉

迎罗汉是缙云农村传统节日活动中表演的一项集武术、民俗于一体的民间游艺形式。

罗汉是神通广大者的化身，自古得到缙云民间百姓的高度崇拜。故民众尊称身强力壮、武功高超的人为罗汉，称习武的团队为罗汉班。每逢节庆，就是罗汉班聚集，游迎到各村进行交流表演。

罗汉头

据《宋史》、清康熙《缙云县志》记载，宋高宗时，防遏外寇，习武自卫。村自卫队被民众称为罗汉班。其后，迎罗汉表演形式融入传统节日、庙会等活动中，世代传承。目前全县有罗汉班30多个，分布在县域10多个乡镇50多个村，活跃在当地传统节庆和重大庙会活

罗汉阵

动中。

迎罗汉由多个罗汉班参加,每班数十人到百余人不等。各班在开演前都要在本村举行庄重的祭旗仪式,然后在指定地点集结,按照约定的路线,在阵头旗、神幡的带领下,伴随着先锋、锣鼓声以一字长蛇阵进行踩街,每到一村都会选择一处宽阔场地轮番表演,其形式主要有罗汉阵、耍武、叠罗汉等。

迎罗汉作为一种民间游艺表演,为节日增添喜庆,深受农村民众喜爱。其地方特色鲜明,文化内涵丰富,具有较高的艺术观赏和历史文化价值。

叠罗汉

叠罗汉之一

叠罗汉之二

叠罗汉之三

（1）罗汉班的组成

罗汉班以村为单位，每班少则四五十人，多则百余人。人员年龄不限，上至八旬老人，下至两三岁儿童，新中国成立后还有妇女加入。迎罗汉的表演人员打扮成罗汉的形象，头戴英雄帽，上身穿古代兵勇套褂或白色中式衣衫，下身着红色灯笼裤，腰捆大扎包，脚穿白底的黑布鞋；手执大刀、四门叉、钢叉、马刀、盾牌、双锏、红缨枪、棍、长棒等兵器。此外，还有阵头旗、神幡、蜈蚣旗和伴奏乐队。

（2）祭旗仪式

迎罗汉开迎的当天清晨，罗汉班全体队员集聚各村，先行祭旗。全场列队整齐、旗幡飘飘、刀枪林立，威严肃穆。待到吉时，上灯献礼（上灯笼、素果等），德

高望重的主祭人焚香祷告，祈求岁岁平安、风调雨顺、五谷丰登。然后用嘴将大公鸡的鸡冠咬破，把鸡血涂抹在幡旗和刀枪棍棒上，众罗汉开始各自挥舞手中的兵器，摇旗呐喊，并鸣锣放炮。祭旗仪式结束。

（3）迎罗汉表演程式

祭旗仪式结束后，迎罗汉队伍以先锋、锣、鼓、钹开道，以阵头旗、神幡、蜈蚣旗为先导。蜈蚣旗上绣的图案有龙凤呈祥、喜鹊啄梅、丹凤朝阳等。由青壮年扮演的罗汉和两三岁小孩装扮的"罗汉芯"，装扮成三国、水浒或八仙中的戏曲人物，骑在大人的肩上，由大人指导表演。全体队员依次列队，以一字长蛇阵先在村庄内外进行踩街，然后进入活动主场地进行轮番表演。表演程式有罗汉阵、耍武、叠罗汉等。

罗汉阵 进入表演场地后，罗汉先以单刀前后左右作砍劈状，迫使围观群众退让出较开阔的空地。绕场一周后，才开始正式表演。此时，前队固定一边压阵，后队开始摆阵走队。全体队员在阵头旗带领下通过交叉穿插进行布阵、团阵、破阵，不断变化队列，走出各种队形。阵法有大团圆、半月阵、四方阵、大交叉、十字阵、九连环、梅花阵、龙门阵、蝴蝶阵、小盘龙、剪刀阵、双龙出海等十六个阵式。各种阵式都有其一定的含意。如半月阵，正反两个半月合为圆月，寓意"团团圆圆，家和万事兴"；梅花阵，是八卦阵的一种，按

精彩的叠罗汉

罗汉阵头

金木水火土五行布阵，意为诱敌深入，以便围歼；蝴蝶阵，也叫迷魂阵，使敌军入阵后，分不清方位与生死门，只能坐以待毙；四方阵，寓意"春夏秋冬，四季平安"；剪刀阵，也叫大交叉，表示四面八方广交朋友；双龙出海，寓意"巨龙腾飞，大展宏图，事业有成"。阵形变化莫测，节奏逐渐由慢到快，热烈的鼓乐声与众罗汉雄壮的呐喊声汇成一片。

耍武　由罗汉班队员在围成人圈的中央空地表演，依序展演四至八把大刀为一组的舞刀花、四门叉、滚钢叉、拳、棒、双刀对杀、刀盾攻防以及舞棍、拆棍（对打）、拆拳等武术技艺。其中以罗汉拳、滚钢叉最有代表性。早在1953年，缙云县就组织罗汉拳代表队参加金华军分区首届运动会，并获"表演冠军"称号。滚钢叉是耍武中最为引人注目的节目，钢叉在古时祭祀中作为驱鬼、辟邪的法器，在民间有着独特的地位。表演时，由幡旗摆阵、鼓乐伴奏，表演者手、脚、腕、肘各部关节灵活配合。主要动作有双手花、转腰、滚背、过腿、调车等，有起、承、转、合，变化多样。

叠罗汉　作为迎罗汉活动中的压轴节目，是最能体现迎罗汉项目游艺特色的主要表演形式，由数十人互相配合，组成造型动作。众人叠成各种形状，如观音扫殿、罗汉井、大小荷花、牌坊、花篮、金桥车等。叠罗汉井时，罗汉们分成四组，由身强力壮的青壮年当罗汉柱，以两根横杆，让人背于肩上，大家面对面，再让人踩于横杆上，依次往上叠加，组成亭阁造型。左右、前后四人由小孩子打扮成戏曲人物高高在上当插翼。叠牌坊则视人数多少而定，一般叠三五层。第二层的人骑在底层人的肩上，每高一层人数相对减少，最上一层

壮观的叠罗汉

是罗汉芯。可由两组人员叠成两座牌坊，演开、合阵势，以哨声为口令，同时左右转圈，四面亮相。最后表演的是金桥车，数人以一定距离站立，在站立者肩上各骑一人，上面的人弯腰后仰，手搭住后面站立者肩上，一一相接，搭成人桥，让扮罗汉芯的小孩在人桥上来回翻跟斗。金桥车表演完后，整个迎罗汉的表演活动才算圆满结束。

（4）迎罗汉习俗

罗汉班一般以村为单位，人数视其规模而定，每年迎罗汉之前一个月或数个月，推举一人牵头，主持结班酒，注入花名册，组成罗汉班。聘请武术师傅教授十八般武艺以及迎罗汉的有关节目阵式。道具有旧式刀枪剑棒十八般武器，配以先锋锣鼓。如今，迎罗汉主要在节庆、重大庙会上进行表演。表演的前一天，参加迎罗汉的人们都要沐浴更衣，表示对先辈的尊敬。

唱莲花

（5）迎罗汉音乐

整个表演过程在音乐伴奏下进行，伴奏乐器主要为先锋和锣鼓。先锋一般在罗汉队出发和踩街时，一路长鸣。锣鼓在罗汉队踩街或走阵时一般演奏《满江红》，也会根据不同阵式变换锣鼓经，如演奏乱锣、大魁锣等。在拳术和棍术表演时，锣鼓则根据表演者的动作或套路，敲打盾牌锣、扑灯蛾锣等。特别是其中的滚钢叉，除了乐队伴奏外，还辅之以急促的口哨声、钢叉顿地时的"嚓嚓"声和演员的呐喊声。通过伴奏音乐的渲染与配合，使迎罗汉的场面气氛热烈。

莲花队上场

长幡与莲花队

唱莲花

　　缙云莲花是流行于缙云民间的曲艺说唱演艺形态，又称莲花落、莲花乐、乐子。起源于宋代，清光绪年间在缙云一带广为流传。主要分布于五云镇、壶镇镇、东方镇、大源镇、双溪口乡等地，是各地迎神娱神活动的一项内容。每年八月初东方镇胡公庙会，九月重阳壶镇赤岩山三将军庙会，九月十四横塘岩大岩背胡公庙会及张山寨陈十四娘娘庙会，都有几十支莲花队从四面八方汇集出门，争相献技。缙云莲花表演，具有广泛的民间基础，故能世代相袭，流传至今。缙云莲花原为民间说唱，由艺乞行唱于门头或坐唱于庭院，形式有单口、群口两种。群口就是一领众和。唱莲花的曲调优美,内容通俗,所以广为流传。清乾隆后出现专业演员,演唱内容多为民间传说。新中国成立前,缙云各地都有莲花队,和艺艺相比内容更丰富,阵容也更大,把单纯说唱变为载歌载舞的表演活动。新中国成立后,有不少村庄的俱乐部,旧曲填新词,演唱莲花,既丰富了群众生活,又宣传了党的方针政策。

缙云莲花队的规模多则数十人、上百人,少的也不下二十人,表演时由两支先锋开路,在音乐声中,表演者手持竹板、茶壶,边唱边舞入场,绕场两周后开始表演各种阵式,绕行三圈先走双开门阵,然后变化为长蛇阵、交接阵、灶棚阵、三花阵、太阳阵等。每个阵式可以反复变化,整个表演场面气氛活跃,变化多端,既适合舞台表演,也适合广场表演。

缙云莲花表演时,演员使用莲花板等打击乐器近十种,莲花演员头戴草帽,眼架太阳镜,身背刀、剑、铜等兵器,或脚镣、脚夹等刑具,左手托响碟,边击边唱,右手提一把盖着毛巾的茶壶。表演用的兵器、刑具、茶壶等道具各自有一说,相传有天臣犯天条逃匿凡间,玉帝派天兵缉拿,这队天兵化装成人间各色人等,带有兵器和刑具,并因长途跋涉而备有茶水、毛巾和遮阳帽,且所唱的曲调意为遮人耳目。故缙云莲花极具地方特色。莲花队设有大板,既是组织者又是领唱者,可任意领唱某一曲调或曲目,众人根据其领唱内

容紧跟唱和。在行唱中，大板还善于见景生情，即兴创作，唱和者也必须对答自如，从容唱和。

缙云莲花的说唱词，可即兴编唱，均用方言来唱和入韵，通俗易懂，生动风趣，具有寓教于乐、淳化民风之功能。其衬词变化十分丰富，如哩啦哩、莲花落、落莲花、海棠花、沙蜡梅等，其中平韵莲花甚至一实一虚，字字加衬，别具特色。

缙云莲花的音乐曲调丰富，除平韵外，还有高韵、低韵、沙蜡梅、海棠花等众多曲调，大多为民众所喜闻乐见的民间歌谣，如《会场歌》《十二交节》《十大劝》《十杯香茶》《铜钱歌》《仙都石笋歌》等，音乐朴素简洁，曲调粗犷通俗，旋律流畅明朗，曲式大多为单一旋律的反复体，往往多词同曲。缙云莲花大多是以表演者自打莲花板、响碟等伴奏。

因为缙云莲花具有很强的群众性，曲调通俗化，唱词口语化，加之演唱内容多为群众所喜闻乐见，所以很容易推广普及，在表现形式上，节奏性强，强弱分明。众多的乐器打在强拍上，部分乐器在弱拍间轻奏，汇成交响，气势磅礴。同时，舞者打击时的大幅度有力舞动和两拍一步的坚实步伐，加之一领众和、一呼百应的演唱，使歌舞错落跌宕，粗犷有力。

铜钱鞭

俗称铜钿棍、打花棍等，边舞边敲，也称打马皇鞭。最早民间用

铜钱鞭表演

以祭祀盘山圣帝, 后马皇鞭演变成镶嵌铜钱的竹棒, 故又称铜钱鞭。铜钱鞭表演阵容大, 动作优美, 在当地流传广泛, 是一种优秀的民间艺术。铜钱鞭通常是一根三尺左右、拇指粗细的竹竿或木杆, 将其两端刻出槽子, 插上销子, 串上铜钱, 铜钱鞭表演是一种简朴、精炼、形象、快活的乡土文化。表演者一般为妇女, 也有小女孩。她们

边舞边敲的铜钱鞭

手握铜钱鞭载歌载舞, 伴随鼓点或其他乐器的节奏有规律地敲打腿、脚、肩、后背等。一般是右手执棍, 也有双手执棍的。舞动时, 棍上铜钱相互碰击, 声音铿锵清脆, 优美动听, 节奏分明, 彩带飘舞, 热情欢快, 动作干练, 气氛热烈, 场面壮观, 极易激发人们的愉悦情绪。

扭秧歌

秧歌源于宋, 成于明, 盛于清。扭秧歌是汉族尤其是我国北方

秧歌队里的孩子们

扭秧歌是孩子们参与最多的节目

地区一种具有代表性的民间舞蹈形式，也是大型群众性娱乐、欢庆、宣传的形式。秧歌表演起来，生动活泼，形式多样，多彩多姿，红火热闹，规模宏大，气氛热烈。扭秧歌深受大众的欢迎，是人民喜闻乐见的艺术形式。

有种说法，秧歌起源于插秧耕田的劳动生活，又和古代祭祀农神祈求丰收、祈福禳灾时所唱的颂歌、禳歌有关。在发展过程中不断吸收农歌、菱歌（民歌的一种形式）、民间武术、杂技以及戏曲的技艺与形式，从而由一般的演唱秧歌发展成民间歌舞。但是，在没有水田、不种稻、不插秧的北方地区，秧歌的流行程度更甚于南方。这说明，北方的秧歌与插秧无关，为农闲或新年时的一种游艺性化装表演。至清代，秧歌已经在全国各地广泛流传。

现各地的秧歌一般以秧歌舞队为主要形态，舞队人数少则数十人，多则上百人。一般呈舞队的形式，且行且歌且舞。在七七庙会迎案途中，一般以两路纵队为主。扭秧歌有少女之歌的说法，故参加者一般为年轻女性，但在缙云地区近年也有中老年妇女参加，甚至有四五岁的小女孩，可谓老妪幼女齐上阵。服装一般不很统一，但必须腰扎红布带，两手挥舞着红带的两端，和着胡琴、唢呐欢快的旋律，踏着轻快的舞步，扭动着灵活的手臂和袅袅婷婷的腰肢，让身体肆意扭动，红带翻飞，进退自如，伸展有度，尽显青春活力，扭出满腔的幸福，迸发出心灵的吼声。沉浸于秧歌的气氛中，让人充满了梦幻、回忆与憧憬。

三十六行

三十六行是流行于缙云民间的舞蹈演艺形态，尤以壶镇、东方镇为甚。据史料记载，缙云于唐代就有三十六行的民间舞蹈表演，至宋代更为流行，随着生产的发展，行业逐渐增多，三十六行演变为七十二行和三百六十行。所谓的三十六、七十二和三百六十都只是虚指，并非实数。民间舞蹈三十六行是人们对各自从事的职业的展示和赞扬，揭示了

阵容强大的三十六行表演队

丰富多彩的三十六行表演

　　"三百六十行，行行出状元"的道理，给人以干一行爱一行的劝谕。出于对三百六十行的崇敬之心，每逢迎神庙会和民俗节日，都要举行三十六行民间舞蹈的表演，用以娱神和自娱，以祈求神灵保佑风调雨顺，百业兴旺。三十六行深受民众喜爱，在缙云民间世代相袭，一直流传至今。

　　三十六行为民间彩扮舞，当地人称之为"化装的嚓头班"，演员人数至少要三十六人，加上其他一些辅助的表演，表演队伍可多达五十余人。演员们装扮成工、农、商、学等行当的形象，包括种田

即兴表演的三十六行

佬、做官佬、拾粪佬、换糖佬、摆渡佬、推车佬、捉鱼佬、捉蛇佬、念
书佬、杀猪佬、打猎佬、放牛佬、讨饭佬、拾荒佬、磨刀佬、做豆腐
佬、货郎佬、扶瞎子佬、媒婆、裁缝、接生婆、账房先生、教书先生、
江湖郎中、木匠、瓦匠、铜匠、皮匠、竹匠、铁匠、船匠等。人物形象
栩栩如生，服装奇形怪状，动作夸张、滑稽搞笑，引人哄笑不已。21
世纪以来，三十六行表演中还加入了一些戏剧人物，内容不断扩充
丰富。

　　三十六行大多在踩街游行中表演，没有规定的动作，队形多

变，表演时先由两面大锣开道，演员按序排成纵队，边走边演，相互
嬉戏耍闹。三十六行的表演形式是群体主体性的个体表演，即分行
当表演，扮演者身穿与行当相应的服饰，手执相应的道具，演员必
须按自己所扮演的行当进行表演，表演的内容与扮演的行当角色匹
配，有的边表演边演唱，唱词有传承的，也有即兴发挥的，没有固定
的蓝本。表演行当出场顺序没有固定模式，但有基本的展示动作，
表演动作简单，源自生活，再现生活，朴实滑稽，令人发噱，视觉效
果明显，表演的特点为简单、明了、直观。三十六行的表演以丝竹锣
鼓乐为伴奏，主要乐器有鼓、锣、镲、钹、唢呐、二胡、板胡、笛等，曲
调以婺剧音乐为主。

十八狐狸

十八狐狸是流行于缙云的民间舞蹈演艺形态，尤其以新碧镇、
壶镇镇流传为甚。是缙云朝山进香不可或缺的娱神、自娱节目，人们
百看不厌。

十八狐狸以揭露讽刺封建官宦门第腐败堕落为内容。相传古时
有位官宦生有四子，传有十八孙，因官腐门败，战乱连年，十八个孙
子夭亡十七个，撇下十七个寡妇，生活难以为继，最小的孙子则以其
妻和十七个嫂子共十八个妇人开设妓院，以维持生计。十八狐狸就
是根据这一故事改编而成，创始于唐代，盛行于清代与民国初期。
在缙云流传已有三百多年历史。《缙云县志》"十八狐狸"条目载：男

十八狐狸·狐狸头

女角色掺杂,多数穿女装,戴假面具,手摇折扇。其中两个男人,背大烟筒,摇大蒲扇,踩十字步,一前一后,扭捏作态,称为狐狸头。

十八狐狸最初以男扮女装、头戴姑娘脸形面具的形式出现,是旧时处州(今丽水)具有代表性的假面舞蹈之一。十八狐狸一般有演员24人,其中18个男人扮女装狐狸,2个男人扮狐狸头,其余的男女演员分别装扮麻松旗(由男性扮的老鸨)、嫖客、老板娘等角色。

十八狐狸的表演,以踩街的形式为多,以八卦阵、蝴蝶阵见长,以十字步为主要步伐,鼓乐开道在前,紧接着是麻松旗、嫖客、狐狸,最后是老板娘压阵。十八个狐狸头戴各种女性面具,上穿花色

缙云县"非遗"十八狐狸

或蓝色大襟衣，下着黑色百褶裙，脚穿绣花鞋，一手拿纸扇，一手拿手帕；老板娘则戴羊角发髻大面具，上穿红色花边大襟衣，腰系彩带，下着彩裤，脚穿花鞋，一手捧水烟筒，一手持麦秸扇；嫖客头戴瓜皮帽大面具，身穿蓝色或黑色长衫、马大褂，脚穿布鞋，手握长烟管，舞姿时而风流倜傥，时而丑态百出，频与狐狸周旋；十八个狐狸则狐妖色艳，或献媚，或招手，或扭腰，边行走，边转圈，边表演，时而拉手，时而靠肩。整个表演夸张、诙谐、搞笑。表演过程中演员与观众互动，或献媚，或挑逗，以活跃表演气氛，增强观赏效果。

十八狐狸的表演以打击乐伴奏，主要乐器有鼓、锣、钹、小锣等。演奏的锣鼓经有一字锣、《满江红》、魁星锣、盾牌锣等。

2007年，缙云新碧镇的十八狐狸被列入《缙云县第一批非物质

酬神戏

村民观看酬神戏

婺剧演员

文化遗产名录》。

2.唱神戏

神戏是指为祭祀神灵演出的民间戏曲。在这里包含着民间艺术的典型内容，因为民间戏曲是综合的艺术，除了故事的语言叙述，它还汇聚了民间音乐、民间歌曲、民间舞蹈等内容，而且包含着特有的民间信仰。张山寨七七会期间的神戏演出是这个地区最典型的民间艺术生活与民众审美情趣的集中体现。

　　张山寨七七会中的唱神戏是存在诸多礼制的，剧团或戏班必须由庙会的主持者负责安排，包括预约的时间、场次、酬金、戏曲演出的禁忌和指定内容等，都必须在庙会之前安排妥当。尤其是神戏禁忌格外重要，它体现出庙主在当地人民心目中的神圣地位。张山寨庙会活动中，献供的典礼时间较短，而戏曲演出的时间则较长，有的长达数天。张山寨庙会前后七天，庙会周边村落都有演出，演得最多的戏曲是缙云婺剧。

缙云婺剧

　　婺剧俗称金华戏，是典型的多声腔剧种，距今已有四百多年的

幕后

历史，是中国戏曲大家族中一个流行于地方的古老剧种。婺剧有"徽戏的正宗，京戏的祖宗，南戏的活化石"之誉。它流行于浙江的金华、丽水、衢州、台州、温州和杭州部分地区以及江西的东北部、福建的北部地区。

酬神也是娱人

缙云婺剧团

清至民国时期，演出的单位称戏班，一般以声腔命名，比如，唱高腔的叫高腔班，唱昆腔的叫昆腔班，唱徽戏的叫徽班，唱乱弹的叫乱弹班。也有叫"三合班"和"两合半班"的，即昆腔、乱弹和徽戏艺人的合班。经过一段时间的发展，又把戏班习称为舞台。到20世纪50年代，进行戏剧改革，才出现婺剧这个称谓，并冠以地名命名。受金华婺剧影响，当时在丽水地区各县流传的高腔班、昆腔班、徽班、乱弹班、三

二、基本内容与形式

专门为庙会酬神搭的戏台

合班和两合半班统称为婺剧团，剧种名称亦被确立下来。

　　缙云历来是戏曲繁盛之地，戏曲活动有着悠久的历史和丰厚的基础。清中叶，花部乱弹兴起，高、昆、徽、乱各路声腔班社流入缙云，地方班社应运而生。清乾隆《缙云县志》记载："立春前一日，职官迎春东郊，乐人扮杂剧，锣鼓彩旗聚……"时缙云戏班都属于徽班，为浙江南路徽班的荟萃之地。乾隆、嘉庆年间，缙云章村、胡村、东余、胪膛等地便有本土班社存在。清光绪三十四年（1908年），缙云有徽班大品玉班（子仙班）；民国2年（1913年），壶镇有吕希照、吕阿四父子创办吕凤台班；民国20年（1931年）前后，县内有班社14个，长年演出的有吕凤台班、庆乐舞台、缙东舞台、大品玉班、汉炎班、宏广舞台，属缙云人办的职业徽班还有大联升、高升舞台等几十个班社，阵容整齐，名伶云集。在浙南的徽班中，数大品玉班流传最广。早期戏剧班社主要在四乡集市、庙会（统称赶会场）上演出。

　　新中国成立后戏曲进行改革，缙云婺剧发展迅速。农村业余剧团如雨后春笋，破土而出。1996年《缙云县志》载，从1953年的91个，发展到1961年的145个。在此期间，召集原大品玉、缙东舞台、宏广舞台这三班之精英，重新组建了拥和剧团，于1956年正式改称为缙云县婺剧团，并培养了一批优秀的演职人员，整理出一套优秀的传统曲目，为缙云婺剧锦上添花。1979年有农村剧团147个。1980—1984

当地剧团

年农村剧团演出19.8万多场次。2000年以来,有30多个民间职业剧团活跃在二省八地四十多个县(市)。

在农村,早期的业余班社(有的称为太子班,主要由村镇的有闲阶层组成),初期以坐唱自娱为主,每逢庙会则敲锣打鼓沿街挨村流动演唱,后来发展为化装上台演出。新中国成立后,演出场所主要为大会堂、庙殿戏台,还有露天戏台等。在浙南民俗风情和传统道教的长期熏染下,缙云婺剧具有一定的法事色彩和山歌风味,使缙云戏剧唱腔形成了自己独特的艺术风格,具有浓郁的地方特色。

人山人海的临时剧场

　　庙会期间，各村演出的婺剧剧本在题材上大多取材于民间传说和历史小说，其中以表现家庭的悲欢离合和爱情故事居多，传播积极向上的伦理道德、审美情趣及人生价值观。

　　在表演正本前后，有台场和八仙。台场有花头台一、花头台二；八仙有文武八仙、天官八仙、九头八仙、蟠桃八仙、对花八仙、封相、五代荣华等。

　　缙云婺剧的表演夸张、生动、形象、强烈，讲究武戏文做，文戏武做，所谓"武戏慢慢来，文戏踩破台"。由于过去服装原无水袖，表演多在手指、手腕上下功夫，亮相、功架近似敦煌壁画的人物姿态，独具一格。且特技表演甚多，如变脸、耍牙、滚灯、红拳、飞叉、耍珠等。

缙云鼓词

缙云鼓词，俗称唱古事，以缙云方言演唱。据缙云民间流传，在明嘉靖年间，就有鼓词盲艺人建立鼓词行会。缙云鼓词曲目众多，常唱的曲目有120多本。庙会上，以唱庙会祭祀的主神陈十四的神界故事《陈十四夫人》为主，夫人词有一天一夜本、三天三夜本和七天七夜本。故事雏形来源于晋干宝《搜神记》中的《李寄斩蛇》，受佛经、变文的影响，经过鼓词艺人的加工发展，逐渐形成七字夹白的鼓词说唱。

民间流传的故事大致如下：

后周世宗时候，福建漳州城外，住着一位名叫陈上元的法师，娶妻葛氏，生一子名叫法通。因遇旱灾兵祸，在逃荒路上又捡一弃儿，取名法清。全家逃到福州安家，于甲子年正月十四日子时又生下一女，取名陈十四。就在同一时辰，在离陈家不远的黄员外家亦生下一子，取名黄闻善。两家觉得巧合，遂订下了秦晋之约。陈十四实际上是天上观音佛母三滴鲜血落凡投胎所成，故天生丽质，聪明异常。

古田城外洞宫山蛇太洞，住着一对蛇精——南蛇公和南蛇婆。二妖为观音两根白发所变，本领高强，却专门残害黎民百姓，作恶多端。官兵进剿，还未动刀枪，就被蛇妖喷气击溃。知县闻知陈上元是法师，便命其前往收妖。但是陈上元因患背疽难以成行，于是派遣二子法通、法清降蛇，不料法通被蛇吞食，法清幸免逃归。

当时，陈十四年方十七，为了报仇，立誓上闾山学法。学成归来途中，路过永康、缙云等地，沿途收妖捉怪，为民除害。后来听说白蛇精在福建一带危害良民。陈十四在白蛇洞前建了法堂，布下闾山阵法，斩白蛇为三段，谁知那蛇化作女子逃遁。有一年大旱，禾苗枯萎，陈靖姑此时怀孕三月，便脱胎陈府，前往祈雨。果真天降甘霖，施泽万民。此时白蛇乔装陈十四回府，盗胎并食之。陈十四飞云而归，怒追之，白蛇逃入临水洞（今古田县），靖姑坐压蛇头，令其永不出洞。

玉帝因陈十四多次冒犯天规，给以减寿三十五年处罚，决定召陈十四归天，时年二十七岁。陈十四虽恨苍天不公，地府无情，却觉得因为民除害所致，死不足惜。遂辞别丈夫和家人，升天而去。

陈十四身上体现了中华民族除暴护幼的优良传统，其慈爱无私、正直勇敢的品质，孝悌忠信、自由平等、惩恶扬善的思想为历代百姓所传颂。

缙云一带，旧时民间小儿多病，有拜亲娘、还愿的习俗。山里逢旱年，人们也前往拜十四娘娘祈雨降甘霖。在村落社会，驱鬼逐疫、祈福求佑的祈禳仪式最为盛行，仪式上，一定要请盲人"唱夫人"，即演唱陈十四的神界故事，并有"盲眼先生编神曲，百听不厌唱夫人"之说。清道光《丽水县志》记载："儿生，自洗儿及弥月、周岁，必设位于家，供香花，招鼓者唱夫人遗事，曰'唱夫人'。"清同治《云和县志》载有该县名士柳翔凤所撰《迎神琐记》一文，其中有云："丽邑西乡有唱《夫人词》者矣，叙述异事，俚俗皆知。"足见清时丽水、缙云一带，以唱夫人为主要内容的鼓词演唱活动已甚为普遍。现代民间流行的唱夫人通常有村落集体为求雨或为庆祝庙会、新庙落成而举行的，也有个人为平安、健康等还愿而举行的。从个体的出生到成长，从家庭到村落集体，人们视陈十四为送子神、妇女儿童的保护神、救苦救难的救星，甚至是男女心目中的红娘。她法力高强，除蛇妖，灭恶魔，被供奉在庙宇里；她依托村落，庇护着一方水土和百姓，成了村落百姓心目中法力无边的地方

夫人庙香火旺

村名摆祭（陈十四夫人祭日）

保护神。信仰的流传总是伴随着无数的传说和故事，这些传说、故事在人们口耳相传中不断印证着神灵的力量。[1]

闾山教道士、法师等仪式专家在当地各种神诞、醮会和人生礼仪等仪式中专注于科仪程式和师承正统，他们在专业上所构筑的象征与意义世界，虽为普通百姓所笃信和膜拜，但若论体验、理解、同情和渗透力，可能远不及民间传说和习俗，因为这些神圣和灵验已然是他们世俗生活密不可分的部分。而另一方面，传说既是信仰的载体，也是其表征，它在流传演变中与具体的神庙和地方历史的嫁接糅合所表达的地方认同，正是信仰得以成为民俗生活本身的一部分的主要推动力。

打八仙

打八仙，又称八仙庆寿。乃喜庆祈福之彩戏（即吉祥戏），也为处剧开场必演之折子戏也。民间称之为八仙或叠八仙。视演出规模与阵容，又分大小八仙。表演形式为歌舞结合。表演内容为神仙聚会、庆寿祈福、加官送子、魁星点斗及财神进宝。在缙云农村，逢年过节、红白喜事、求雨祈福、佛殿开光、大桥落成，村民都会自发筹资，邀请戏班演戏，称之为祝寿戏、还愿戏、平安戏。而首夜开场，必演八仙戏，已约定俗成。民间戏班，几无不擅叠八仙者。因此，昔

---

[1] 有关闽浙地区陈靖姑传说与民俗生活的关系，石奕龙的《临水夫人信仰及其对民俗活动的影响与解释》（《民俗研究》1996 年第 3 期）一文有详细介绍和分析。

八仙戏

日戏班新招艺徒,须先学演跳加官。

八仙戏,源于宋元杂剧和南戏。庄一拂《古典戏曲存目汇考》中记:"宋官本杂剧,即有《宴瑶池》。"元陶宗仪《南村辍耕录·院本名目》中尝载《瑶池会》《蟠桃会》《八仙会》《王母祝寿》等名录。明朱有炖著有《新编福禄寿仙官庆会》《群仙庆寿蟠桃会》《新编瑶池会八仙庆寿》等篇目。清无名氏选编之《千家合锦》中,录有明代传奇《长生记》之《八仙庆寿》一出。浙南处州八仙戏,可溯源宋元时期,然较之又有区别。宋元时,八仙戏表现"神仙道化"与"隐居乐道"。至明初,即表现为神仙庆寿与献瑞驱邪,后渐成为歌舞升平之彩戏。因传唢呐之民间流行始于明代,故八仙音乐之演变及成熟,当在明代。综观处州八仙戏,其人物角色,多沿用处剧之生、旦、净、丑、末等。因缺少故事情节与戏剧冲突,戏班除了尽其祈

八仙谢幕

福除邪之功用，多借制造舞台闹热之气氛，以展示行头角色及后台实力。

八仙曲目，多采用《点绛唇》《新水令》《天下乐》《混江龙》《步步娇》《折桂令》《油葫芦》等曲牌；声腔以昆腔为主。八仙剧目众多，表演大同小异。叠八仙程序分蟠桃会、跳魁星、跳加官、跳财神及拜堂。蟠桃会先使四功曹亮相，而后，天官奉玉帝旨，催动各路神仙赶赴蟠桃盛会。继之，天聋地哑携文昌，周仓关平引关公上场；福禄寿禧四星及八洞神仙随至。仙姬歌舞，祥云升腾；群仙唱赞，响彻华堂，贺宴热闹非凡。戏之入胜处，乃三跳也，即跳魁星、跳加官及跳财神。三跳者戴面具登场，其步法身姿，各具特色。魁星碎步紧踩；白面慢条斯理；金面大步流星。虽有固定的表演程式，然临场若机灵发挥，则更添戏剧效果。拜堂为八仙结尾戏。由生、旦二人完成。旦凤冠霞帔，生官帽官衣，二人欢天喜地，面向观众，行拜堂礼，于唢呐声中，相携下场。赴寿宴、点状元、进官爵、送财宝、入洞房，皆为世间美事、盛事。无怪乎，八仙戏备受青睐，实际上寄托了民众追求美好生活的厚望。

三、价值与影响

张山寨七七会是缙云民俗文化的缩影，也是缙云及周边民众民间信仰和文化生活的反映，它包含文化娱乐、体育竞技、表演艺术、婚姻习俗等诸多内容。该活动极大地丰富了群众精神文化生活，促进社会稳定和谐，对弘扬民族精神、增强社会凝聚力都产生一定的推动作用。

三、价值与影响

（一）社会价值

张山寨七七庙会综合满足了民众祈福禳灾的心理需求，丰富了乡民身心娱乐的生活需求。

张山寨七七会是缙云民俗文化的缩影，也是缙云及周边民众民间信仰和文化生活的反映，它包含文化娱乐、体育竞技、表演艺术、婚姻习俗等诸多内容。该活动极大地丰富了群众精神文化生活，促进社会稳定和谐，对弘扬民族精神、增强社会凝聚力都产生一定的推动作用。

历年来，张山寨献山庙的几经修扩，为张山寨七七会的兴盛和延续提供了依托。张山寨神庙的修建包含了周边村民对自己生存空间、生存状态的思考，是民众对自己生存空间的一种象征性设置。张山寨神庙修建好后，作为村民活动的公共空间，它一直在村落生活中占据重要的位置。有几百年历史的张山寨由于受自然环境、经济条件的制约，其文化发展相对迟缓，在传统的地域乡土观念、家庭宗族观念的基础上形成的社区心理，为当地文化创造了一种稳定

献山庙陈十四夫人神像开光仪式当天

的生态环境,使得这里的民间文化传统一直处于一种封闭与胶着的状态,社区居民的传统信仰也因此得以在一代一代的传承中循环生存。

民间信仰融合了民众在日常生活中的精神需求,张山寨庙会综合满足了周边民众日常生活最重要的祈福禳灾的心理需求与愿望。

在落后闭塞的生活条件下,贫困无助的人们不得已求助于神灵解决社区以及自身生活中的种种问题。为了家庭、社区的生存和自身的繁衍,面对无常的天气变化、无法医治的病痛,人们求助于神灵,乞求风调雨顺、庄稼丰收、人丁兴旺、四季平安。神灵强大的威

庙会上虔诚的村民

进香·祈福

祈福

力给予人们巨大的安全感，人们总是希望通过与神恭敬而谨慎的交流，得到满意的结果。所以，人们一方面通过崇拜和敬奉以得到神灵的保护，一方面遵守禁忌以免神灵降下灾祸。有人认为庙会产生之初是为了取悦所供奉的神灵，那时的人们认为，天地神灵鬼怪也像人一样，喜欢热闹，喜欢各种形式的娱乐活动，所以在举办庙会时，人们往往通过最原始的娱乐形式——音乐和舞蹈来愉悦神灵，似乎唯有这样，人神才能相通。民众正是以庙会为信使达到向神诉说、向神表决和与神交流的目的。人神交流可以使民众在神灵的抚慰下得到心灵愉悦，各种困惑得到化解，精神上得到补偿。因此，庙会在一定程度上能够安抚民心，有利于社会的稳定，有利于和谐社会的建设。随着社会的发展，庙会的形式虽然简化了，但庙会给人们的精神寄托仍然存在。庙会对人们精神需求的满足，是庙会运行的基本条件，也是庙会得以长期存在的根本原因。正是因为有这样的原因，庙会这种民俗文化才能在社会不断进步中得以保存发展。

民岁终日劳苦，间以庙会为乐。庙会的酬神更是为了娱人，随着社会的发展，庙会的娱乐功能越来越突出，越来越重要。张山寨七七会期间，方圆几十里一片祥和，焚香、祷祝、请客、会友、看戏、串门，人们借助敬奉神灵的机会，尽情表达生活的哀乐。庙会就像是民间百姓的运动会、联欢会，爆竹阵阵，锣鼓喧天，好戏连台，成了人们身心锻炼、交朋会友的最佳场所、最佳时机。无论是演出者

还是观众，都在精彩的表演中得到愉悦，除去郁积的烦恼与苦痛。

（二）文化价值

张山寨七七会的传播繁荣了民间传统文化，起到了寓教于乐的道德教谕作用。

庙会在展示、传播民间传统文化方面有不可忽视的作用，它所具有的娱乐功能使庙会形成巨大的文化向心力，或者说庙会本身就是文化的积聚点。张山寨七七会，不是单纯的节日象征性习俗，它是当地民众生活整体的有机组成部分，是经由其象征体系深刻体现生

善男信女

活整体的部分，不同于一般的劳动游戏或间歇娱乐。迎罗汉、大莲花、铜钱鞭、三十六行等表演活动历史悠久，它们既是社会发展进程中农耕生活的侧面反映，也是缙云人文历史长河中民族文化多样性的体现。在这里，我们看到民间草根文化的积淀和传播，宗教艺术和世俗艺术共放异彩，集中了地方民间艺术的精华，形成了庙会文化的兴奋点。比如，迎罗汉表演融各种艺术表演手法于一体，包括罗汉阵、各种刀术、棍术、滚钢叉、拳术、叠罗汉等。其中，罗汉阵就有大团圆阵、半月阵、四方阵、大交叉阵、九连环阵、梅花阵、龙门阵、蝴蝶阵、小盘龙阵、剪刀阵、双龙出海阵等十六个阵法。滚钢叉和叠罗汉充分展示了村民娴熟高超的技艺。整个迎罗汉表演场面惊险刺激、声势浩大，展示了崇尚武术与健身的鲜明的地方特色和深厚的文化内涵。

庙会在娱乐与传播民间文化过程中，以潜移默化、世代相传的形式对民众进行民俗文化知识的教育和道德规范的教谕，是典型的寓教于乐。比如庙会中的大莲花，据《丽水地区戏曲志》（手抄本）记载，缙云县自清末至民国期间，各地纷起组成莲花班，几乎村村有莲花活动。莲花班以老带新，代代相传，至今兴盛不衰。每逢庙会，几十支莲花班汇集庙坛，竞相献技。莲花节奏明快，曲调粗犷，语言通俗，内容多为劝善警世和因果报应之类的内容。近年来，莲花由过去民间艺人的自打自唱自帮腔，发展成为庙会上的一领众和的

唱莲花之一

唱莲花之二

三十六行

阵容强大的莲花班

群唱，气势磅礴。因其曲调易唱易学，内容朴实，反映生活，又具有普遍的教育意义，受到各地群众的喜爱，成为农村群众自唱自乐的农余文化活动。六天六夜连台上演的缙云婺剧以其古老浑朴、强烈粗犷的特点和生动的形象、夸张戏谑的表演深受村民喜爱，而贴近生活的题材故事则传播了积极向上的伦理道德、审美情趣和人生价值观。总体而言，张山寨七七会期间的民间文艺表演规模宏大，内容丰富，地方特色鲜明，各种艺术表演形式相互交融，具有较高的传统性和观赏性。

[贰]七七会的影响

张山寨七七会对于研究庙会如何在山区社会发展中强化村落的自我认同、维持社区的公共秩序有着积极意义。

张山寨七七会活动历史悠久,涵盖信仰、民俗、文化等领域,且一脉相承,世代相传,对于深入了解浙南山区社会发展的历史,有着十分重要的学术研究价值。

风趣、幽默的三十六行

三十六行，你猜得出他们的职业吗？

通过庙会，村落历史的延续得以显示。从某种意义上来说，村落依赖于庙会的存在，通过神诞的节日庆典，彰显、记取历史，展示了自我的存在。每个庙会的特征伴随着村落历史上形成的个性，换言之，庙会总是以特定的文化为依凭的。它既是村落的自我认同，又是被他人注意的标志，其发展、变化都是村落自我调整的结果，并不受外在意志的控制。

张山寨庙会是当地集体记忆的重要组成部分，庙会的存在，使所有行动者之间、各种行为之间产生了联结、交换和互动，建构了张

欢乐的庙会场景

开心的庙会场景

表演地方传统武术的村中少年

三十六行之三相公与小姐

小演员扮演"罗汉头"

凌晨出发的表演队

山寨周边村落的集体记忆，并通过时间和强化，构筑了当地的民间社会。迎案保持了当地的社会环境和社会框架，一年一度的唤醒，维护了社会记忆的连续性、鲜活性，使社区得以成为有信仰、有仪式、有象征、有记忆的社会，并维持其稳定性和有序性。在庄严的仪式过程中，人们获得对自己生存村落的认同感，心理上获得极大的安慰和满足。

村落是传统中国农民经济生活和社会生活的基本活动范围，世代在村落内居住的村民之间有着千丝万缕的复杂联系，村落因此成为一个彼此熟悉的没有陌生人的社会，同时，又是一个被村民用各种象征符号"圣化"了的场所，是民俗传承的生活空间。张山寨神庙并非属于某一个村落的庙宇，前来赶会的人大多来自周边几十个村庄。迎案仪式也是以村落为单位进行，全村人被视为一个不可分割的整体，迎案队伍的表现直接代表了一个村庄的荣誉，不仅参与迎案的村民有一种神圣的使命感，连围观者也很容易在其中发现日常难以感受到的集体力量。因为供奉的是村庄的保护神，在分散的小农经济日常状态下，个人的力量是弱小的，很多情况下都不能脱离集体，作为村中的一分子无论是自愿还是非自愿，都不可避免地卷入整个村庄的活动。所以，外出的人无一例外地都不能在这样庄严而神圣的时刻缺席。在这个神圣的时刻，人们抛弃了平日的恩怨，在同一支送驾队伍里和睦相处，共商庙会大事。每年的迎案仪式调动

沸腾的山谷

上山寨的队伍

进山寨途中

了民众的情绪,提升了他们的精神,强化了集体意识。庙会(包括庙宇)作为组织村落公共生活的一种重要方式,它以民众群体的广泛参与和共同组织,强化了村落的社会关系,维持着村落社区的公共秩序。

四、传承与保护

通过保护单位、主管部门及其他相关部门和全县人民的共同努力，逐步建立起相关的保护机制，做好档案资料收集、传承人保护、活动开展、宣传展示等工作，使张山寨七七会得到有效保护，并得以传承和发扬。

四、传承与保护

[壹] 传承谱系

张山寨七七会沿用明万历初年确立的主事村点轮值制度,各主事村点内的各村轮流组织管理。该活动的组织形式代代相传,迄今不变。

张山寨七七会明代的主持人,查无史据,但民间"主事"之称由来已久。经调查得知,旧时,张山寨七七会主事村的主事人都由各村宗族太公召集有辈分的长者到祠堂商议确定。现一般由乡政府确定。以下是张山寨周边的胡村村老人口头提供的各年代主事人名单,笔者通过查宗谱等多种方式进行了调查、核实。

第一代

胡启坚,男,同治壬申年(1872年)二月八日出生,卒年不详。缙云县胡源乡胡村村人。张山寨七七会主事人。

第二代

胡风南,男,光绪壬辰年(1892年)九月十四日出生,卒年不详。缙云县胡源乡胡村村人。张山寨七七会主事人。

胡又喜,男,光绪壬辰年(1892年)一月十一日出生,卒年不详。

缙云县胡源乡胡村村人。张山寨七七会主事人。

第三代

江设贵，男，1917年出生，卒年不详。缙云县溶江乡岭脚吴村村人。张山寨七七会主事人。

胡式行，男，1919年7月28日出生，卒年不详。缙云县胡源乡胡村村人。张山寨七七会主事人。

胡礼云，男，1919年出生，卒年不详。缙云县胡源乡胡村村人。张山寨七七会主事人。

第四代

胡文相，男，1936年出生。缙云县胡源乡胡村村人。张山寨七七会主事人。

胡礼坤，男，1937年出生。缙云县胡源乡胡村村人。张山寨七七会主事人。

胡锦希，男，1936年出生。缙云县胡源乡胡村村人。张山寨七七会主事人。

王春妹，女，1937年出生。缙云县胡源乡胡村村人。张山寨七七会主事人。

第五代

陈才和，男，1955年出生。缙云县胡源乡张夭口村人。张山寨七七会主事人。

潜海茂，男，1958年出生。缙云县溶江乡岭脚吴村村人。张山寨七七会主事人。

潘金成，男，1956年出生。缙云县胡源乡胡村村人。张山寨七七会主事人。

周挺川，男，1956年出生。缙云县胡源乡沿路头村人。张山寨七七会主事人。

胡锁官，男，1954年出生。缙云县胡源乡胡村村人。张山寨七七会主事人。

其中，胡文相已被浙江省文化厅公布为第三批省级非物质文化遗产代表性传承人。

张山寨七七会传承谱系图

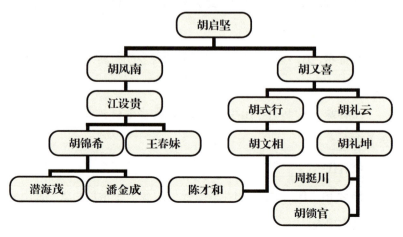

[贰] 保护措施

（一）指导思想

坚持以科学发展观为指导，积极保护传承，合理创新利用。

（二）基本原则

真实性原则、整体性原则、传承性原则。

（三）总体目标

通过保护单位、主管部门及其他相关部门和全县人民的共同努力，逐步建立起相关的保护机制，做好档案资料收集、传承人保护、活动开展、宣传展示等工作，使张山寨七七会得到有效保护，并得以传承和发扬。

（四）保护内容

1. 张山寨七七会的视频、图片、文本等档案资料。

2. 张山寨七七会的传承人。

3. 张山寨七七会活动的相关实物、周边的生态环境等。

（五）保护措施

1. **政策措施**："十二五"期间，由缙云县人民政府出台《关于缙云县非物质文化遗产名录评定暂行办法》《关于加强非物质文化遗产保护工作的意见》《缙云县非物质文化遗产代表性传承人评定办法》《缙云县传承基地评定办法》等，加强对张山寨七七会活动项目和传承人的动态管理，落实项目保护和传承人扶持政策。建立缙云县非物质文化遗产分级保护制度和分级保护标准。按照不同类别、不同价值和历史,对全县非物质文化遗产生态保护区、民间艺术之乡(村)分档次、分级别予以命名和保护。依照《中华人民共和国非物质文化遗产法》第十条法规,对在非物质文化遗产保护工作中做出显著贡献的组织和个人,按照国家有关规定予以表彰、奖励。

2. 保护机制: 编制《缙云县非物质文化遗产保护规划》,把张山寨七七会项目纳入重点保护对象,努力建构长效保护机制。

3. 保护经费: 向社会广募经费,建立保护基金。县财政每年拨出50万元作为张山寨七七会配套资金,争取逐年递增10%,保证项目资金落地。专项资金主要用于:①非物质文化遗产的调查发掘、项目申报;②非物质文化遗产珍贵资料、实物的征集和濒危非物质文化遗产的抢救;③对非物质文化遗产代表性传承人、代表性传承单位(传承基地)的津贴或补助;④非物质文化遗产的展示和展演;⑤非物质文化遗产保护的宣传、培训和研究;⑥其他重要的非物质文化遗产保护事项等。

4. 人员编制: 增加县非物质文化遗产保护中心的工作人员编制名额,以保证保护工作的顺利开展,争取5年内达到6人。

5. 组织机构: 成立由县人民政府分管副县长任组长,文体、民宗、财政、教育、建设、旅游、广电等部门负责人和各乡镇分管领导等为成员的缙云县非物质文化遗产保护工作领导小组，负责领导、指挥、组织和协调全县非物质文化遗产保护工作。对全县"非遗"名录项目的保护，特别是国家级"非遗"名录项目的保护，建立以在文化战略上定向、发展计划中定位、工作决策时定项、领导班子内定人、干部职责上定责、资金投入上定额为主要内容的领导制度建设机制，强化组织领导。县非物质文化遗产保护中心负责活动项目的指导和名录的申报。加强对民间组织张山寨七七会活动执委会的指导和管理。

6. 档案资料：采取个别采访、群众座谈、观看表演、问卷调查、查阅资料等多种形式相结合的方法，进一步收集挖掘张山寨七七会活动的文化内涵、各种活动仪式和程式、民间艺术表演的种类和数量、服饰及所用器具的发展脉络等相关资料，对于优秀的，特别是有些濒临灭绝的民间表演艺术，运用文字、录音、录像、数字化多媒体等多种方式进行真实、系统、全面的记录。对张山寨七七会的发展全过程单独建立一套详细、完整的数据档案。

7. 宣传展示：根据《中华人民共和国非物质文化遗产法》第三十二条"县级以上人民政府应当结合实际情况，采取有效措施，组织文化主管部门和其他有关部门宣传、展示非物质文化遗产代表性项目"的要求，以及张山寨七七会项目的活动特点，结合当地实际，利用胡源乡胡村村和溶江乡溶溪村现有场地，分别建立活动展示平台，指导两地群众不定期进行展演、展示活动，加深公众对该项目遗产的了解和认识，促进社会共享。

8. 研究出版：建立缙云县张山寨七七会传承保护研究会，人员主要由胡源乡、溶江乡的张山寨七七会活动的组织者和主事人，参加活动的各传统民间艺术表演代表性传承人，以及县"非遗"保护中心人员和当地乡土专家组成。同时聘请国家"非遗"保护专家委员会委员、中央民族大学教授祁庆富，浙江省"非遗"保护专家委员会委员、浙江省民间艺术研究会会长吴露生为指导专家。研究会每年召开一次会议，研讨和指导该项目的原生态保护传承工作，深入开展该县非物质文化遗产的理论研究和传承保护探讨工作，深入挖掘该项目活动的历史渊源和文化内涵。动员社会各界有识之士参与"非遗"文章撰写，组织编辑和出版相应的研究成果集。

9. 基地建设：加大该项目的传承保护力度，贯彻《中华人民共和国非物质文化遗产法》，支持非物质文化遗产代表性项目的代表性传承人开展传承、传播活动。结合当地实际，分批设立和该项目相关的迎罗汉、三十六行、大莲花等"非遗"传承基地，创造条件支持该项目代表性传承人每年不定期开展授徒、传艺、交流等传承、传播活动。

（六）五年保护行动

2011年：在原有的基础上，进一步收集整理张山寨七七会项目的相关资料，不断补充文字、图片、视频等内容，建立一套相对完整的档案加以保存。

2012年：举办传统民间表演艺术培训班，鼓励老艺人带徒授艺。

2013年：建立缙云县民俗活动传承基地。

2014年：成立张山寨七七会活动研究会，召开保护工作研讨会，编辑出版研究成果集。

2015年：修复张山寨古道，加强防火带建设，改善道路及国家级"非遗"项目的生存环境。

1.已采取的保护措施

（1）由溶江乡和胡源乡相关村的主事村自发组织了张山寨七七会活动理事会，负责对项目的保护和活动的组织。

（2）对张山寨七七会项目的历史渊源、生存环境、传承情况进行了全面的挖掘，收集了大量文字、照片及视频资料。

（3）县政府出台了《关于加强对非物质文化遗产保护的意见》，把张山寨七七会项目列入缙云县重点项目加以保护。

（4）通过民间集资、政府补贴等方式，对张山寨的两条古道进行了修复，对张山寨七七会活动周边的环境进行了全面整治，并建设了消防设施。

（5）对该项目的传承人进行登记建档，实行动态管理，并组织

年长主事人对张山寨七七会的活动程式和民间文艺表演进行传承培训。

（6）相关乡镇和主事村都制定了张山寨七七会活动方案、活动规则及活动突发事件应急预案。

2.资金投入

对张山寨七七会项目共投入资金591万元。其中：张山寨古庙恢复、古道修复等基础设施建设和环境整治费450万元；项目的挖掘、整理，包括图文的采录和录像资料的制作，计费15万元；组织对代表性传承人进行慰问和举办传承培训费6万元；每年活动费120万元。

3.资金主要来源

（1）由张山寨七七会各主事村点组织发动各村集体出资及向村民募捐。

（2）由每年参加张山寨七七会的当地群众及港澳台同胞乐助。

（3）县地方财政补贴。

4.保护内容

（1）对项目表现形式的保护：通过收集张山寨七七会相关资料，建立完整的项目档案。全面掌握张山寨七七会的各种仪式、民间艺术表演、服饰及所用器具的发展脉络。

（2）对传承人的扶持和管理：全面掌握活动主事人传承情况，

建立传承人档案,实施动态管理,明确传承人的权利和义务,对代表性传承人发放生活津贴,鼓励传承人带徒授艺。

(3)加强项目的理论研究:建立张山寨七七会活动研究会,深入开展理论研究工作,进一步挖掘张山寨七七会的历史文化内涵,着力做好民俗活动的研究和探讨,并把这些研究成果编撰出版。

(4)对民间文艺活动进行辅导:组织项目主事人及代表性传承人进行传教培训活动,原生态传承张山寨七七会各项活动内容。

(5)保护项目生存环境:加强对活动场所和古道的恢复、周边环境整治和消防设施建设,优化项目生存环境。

5.保障措施

(1)强化组织领导:成立县非物质文化遗产保护工作领导小组,负责领导、指挥、协调非物质文化遗产保护工作;县非物质文化遗产保护中心负责非物质文化遗产保护工作指导和项目申报工作,对民间组织——张山寨七七会活动理事会进行指导和管理。

(2)编制保护规划:根据《缙云县"十一五"文化事业发展规划》,编制了《缙云县非物质文化遗产保护规划》,把张山寨七七会项目列为缙云县非物质文化遗产重点保护项目加以保护,努力构建长效保护机制。

(3)落实资金保障:通过群众集资、社会赞助及地方财政配套资金等方式筹措资金,确保张山寨七七会活动的顺利开展。

（4）出台政策措施：县政府出台《关于加强对非物质文化遗产保护的意见》，明确代表性传承人的权利和义务，并实施政府津贴。鼓励传承人通过举办各种培训班对张山寨七七会的程式和表演项目进行传教，培养后继人才。

经费预算及其依据说明：

经费预算	依据说明	地方配套资金
221万元（其中民间集资97万元）	1. 进一步收集整理该项目图文和视频资料及制作的费用8万元； 2. 活动期间安排有关部门进行道路疏通、安全保卫工作的费用8万元； 3. 活动期间组织各种传统民间表演，支出25万元（民间自筹）； 4. 轮值村献戏支出12万元（民间自筹）； 5. 成立项目传承基地，举办传统民间表演培训班，聘请老艺人传授技艺，支出30万元； 6. 举办"张山寨七七会与民间信仰"研讨会，活动费用5万元； 7. 修复张山寨其余两条古道，共支出120万元（政府投资60万元，民间集资60万元）； 8. 代表性传承人生活困难补助支出3万元； 9. 编辑出版研究成果支出10万元。	124万元

（七）"非遗"传承入校园

胡源乡胡村小学坐落在七七庙会的主事村胡村村，这里有着深厚的庙会根基，散发着浓郁的庙会文化氛围。胡源乡地处山区，交通不便，信息闭塞，文体设施稀少，文化生活相对枯燥。而张山寨七七会作为国家级非物质文化遗产，是胡源乡的民俗文化盛宴。因此，把学校作为"非遗"的传承基地，具有得天独厚的人文基础和地理优势。使得学生在享受乡土文化大宴的同时，也为继承和弘扬庙会文化打下基础，与学校的文化课教育形成互补。

胡村小学的学生绝大部分参加过庙会，并且有半数以上的学生，参加了案队，如秧歌队、罗汉队、三十六行、大莲花、铜钱鞭等。

"非遗"进校园

"非遗"进校园

传承基地：胡村小学

其中，秧歌队就是以学生为主力队员的。他们耳闻目睹，对庙会文化有着浓厚的兴趣，掌握了许多表演知识和技巧。这对建设传承基地是一个极为有利的条件。鉴于此，经过校长周来杰的倡议和部署，

"非遗"传承人给小学生授艺

传承人进校园授艺

胡村小学基地小演员

学校从2011年开始，把秧歌作为大课间活动的主要内容，要求全体学生参与。有专门的指导老师进行精心辅导。指导老师根据全体学生参与的特点，在传统的基础上，融入了新时代的元素，对庙会秧歌加以改进和创新，增加了队列的组合和动作的演绎，更显动作的多样和层次的变化。胡村村的文艺爱好者还专门为学生的秧歌配制了秧歌乐曲，活动开展得有声有色。学生秧歌队多次参加乡里和村里的各种庆典活动，得到群众的广泛好评和上级领导的充分肯定。

从2013年开始，胡村小学又把罗汉队作为传承节目之一。在高年级学生中挑选队员，在体育课或课余时间，专门聘请村里的罗汉专家来校传授技艺。这项活动不仅丰富了学生的课余生活，弘扬了

胡村小学基地建立了多支表演队，传承"非遗"，丰富校园生活

铜钱鞭队在排练

秧歌队在排练

钢叉队在排练

校园秧歌队献艺

罗汉队

乡土文化，培养了乡土精神，更为传承庙会文化打下坚实的基础。学校专门为表演队购置了专用服装和刀枪棍棒等道具。学生罗汉队曾去附近几个村表演，获得广泛好评。2014年全县中小学田径运动会开幕式上，罗汉队牛刀小试，获了奖。学校方表示，在一如既往地培养好学生的表演队外，还将在庙会文化的广度和深度方面下功夫，力求走出一条新的路子来。

2014年年初，胡村小学专门安排爱好民俗研究的老师，收集整理张山寨七七会资料进行研究，追本溯源，并作为"非遗"传承基地的理论总结和范本，也是把庙会文化推向纵深的重要举措。通过深入民间，多方采访，目前已经完成五万多字的专辑，是迄今有关献山庙会文化最完整的版本。

　　胡村小学也鼓励学生更多地就近参与庙会活动，并尽可能参加案队。女同学一般参加秧歌队、大莲花；男同学一般参加罗汉队、三十六行等。还让学生在庙会中学会待人接物，熟悉交往礼仪，并要求学生在庙会后，通过口头或者书面作文的形式汇报自己在庙会期间的见闻、收获和心得感受，在班里或学校展示、交流、评比。培养学生多观察、多思考的习惯，积累创作素材，激发创作欲望，提高写作能力和表达能力，也为献山庙会积累书面资料。

主要参考文献

1. 王仿、金崇柳，《永嘉龙灯与陈十四娘娘——陈靖姑民间信仰》，"中国民间文化"丛书之《民间俗神信仰》，学林出版社，1995年。

2. 吴刚戟，《丽水陈十四夫人崇拜风俗》，"中国民间文化"丛书之《民间俗神信仰》，学林出版社，1995年。

3. 中共古田县委宣传部古田临水宫管委会编，《第三届闽台陈靖姑文化学术研讨会论文集》（内部版），2004年。

4. 福建省文联编，《海峡两岸传统文化艺术研究》，海潮摄影艺术出版社，2009年。

5. 钟敬文，《钟敬文文集·民间文艺学卷》，安徽教育出版社，2002年。

6. 钟敬文主编，《民间文学概论》，上海文艺出版社，1980年。

7. ［日］柳田国男，《传说论》（连湘译），中国民间文艺出版社，1985年。

8. 赵世瑜，《狂欢与日常——明清以来的庙会与民间社会》，三联书店，2002年。

9. 高丙中，《民俗文化与民俗生活》，中国社会科学文献出版社，1994年。

10. ［美］沃尔夫朗·艾博华，《中国民俗研究及相关论文》，美国印第安纳大学出版社，1970年（引自陈惠民《带密的山花》，香港天马出版公司，2007年）。

11. 王景琳等主编，《中国民间信仰风俗辞典》，中国文联出版公司，1992 年。

12. 费孝通，《乡土中国》，北京大学出版社，1998 年。

13. 王铭铭、王斯福，《乡土社会的秩序、公正与权威》，中国政法大学出版社，1997 年。

14. ［清］潘绍诒修、周荣椿等纂，《处州府志（标点本）》，丽水市地方志编纂委员会整理，方志出版社，2010 年。

15. 沈挺峰主编，《缙云县非物质文化遗产撷萃》，团结出版社，2014 年。

后记

　　在编写过程中，编者如临其境，再一次感受到了张山寨七七会在民间经久不衰的活力。一个深刻的感受是，庙会满足了周边村落群体的精神需求。庙会期间，张山寨方圆几十里一片祥和，焚香、祷祝、请客、会友、看戏，人们借助敬奉神灵的机会，尽情表达生活的哀乐。在对亲临庙会的几代人的访谈和调查中，不难发现，由于自然环境、经济条件的制约，具几百年历史的村落文化发展也是相对迟缓的，在传统的地域观念、乡土观念、宗法观念的基础上形成的社区心理为当地文化创造了一种稳定的生态环境。以血缘关系为基础的行政管理方式和宗法制度下的道德伦理，使得这里的民间文化传统一直处于一种封闭与固定不变的状态，社区居民的传统信仰也因此得以在一代一代的传承中循环生存。这种稳定的社区心理和文化环境是张山寨七七会长期存在的重要条件，而张山寨独特的历史、功能与生活在其中的社区居民也是延续张山寨七七会生命不可或缺的重要因素。

　　张山寨七七会与缙云地方文化融合后的再度复兴，体现了民间文化旺盛的生命力。在现代科学技术文化水平不断提高、村落社会急剧变化的今天，张山寨七七会依然对乡村民众生活产生积极的影响,它直接影响着民众的情感取向、审美判断和思维方式。张山寨七七会强化了村落社会的自我认同,维持了村落社会秩序。庙会所展示的民间文化则体现了缙云乡村社会历史发展中的情感底色。只有深入现实去感受、理解庙会,才能真正懂得庙会,引导、改造和利用庙会,构建乡村和谐社会。

在本书的调查与撰写过程中,文献和相关史料奇缺,编者深感苦恼。幸运的是,在缙云县文化局、缙云县"非遗"办有关领导和潜楚女士、胡盛玮先生的大力支持下,在乡民们的热心帮助下,编者费尽周折,终于完稿。本书图片部分由缙云县"非遗"办提供,部分由编者拍摄。专家季海波的认真审稿,也给本书增色不少。由于时间、精力和水平所限,本书还有很多不足之处,祈望读者谅解,并给予批评指正,待有机会再版时进一步完善。

刘秀峰

2016年6月

责任编辑：盛　洁
装帧设计：薛　蔚
责任校对：高余朵
责任印制：朱圣学

装帧顾问：张　望

图书在版编目（ＣＩＰ）数据

张山寨七七会 / 刘秀峰, 杜新南, 蔡银生编著. --
杭州：浙江摄影出版社，2016.12（2023.1重印）
（浙江省非物质文化遗产代表作丛书 / 金兴盛主编）
ISBN 978-7-5514-1661-0

Ⅰ. ①张… Ⅱ. ①刘… ②杜… ③蔡… Ⅲ. ①庙会—
风俗习惯—介绍—缙云县 Ⅳ. ①K892.1

中国版本图书馆CIP数据核字(2016)第311043号

张山寨七七会
刘秀峰　杜新南　蔡银生　编著

全国百佳图书出版单位
浙江摄影出版社出版发行
　　地址：杭州市体育场路347号
　　邮编：310006
　　网址：www.photo.zjcb.com
制版：浙江新华图文制作有限公司
印刷：廊坊市印艺阁数字科技有限公司
开本：960mm×1270mm　1/32
印张：6
2016年12月第1版　　2023年1月第2次印刷
ISBN 978-7-5514-1661-0
定价：48.00元